六年级

YIDIANJIUTONG
SONGGEI AI SHUXUE DE HAIZI

一点就通

送给爱数学的孩子

邱学华 缪建平 著

上海教育出版社
SHANGHAI EDUCATIONAL PUBLISHING HOUSE

图书在版编目（CIP）数据

一点就通：送给爱数学的孩子. 六年级 / 邱学华，缪建平著. — 上海：上海教育出版社，2023.3
ISBN 978-7-5720-1848-0

Ⅰ.①一… Ⅱ.①邱… ②缪… Ⅲ.①小学数学课-教学参考资料 Ⅳ.①G624.503

中国国家版本馆CIP数据核字(2023)第046113号

策划编辑　蒋徐巍
责任编辑　曲春蕊
装帧设计　周　吉

一点就通——送给爱数学的孩子（六年级）
邱学华　缪建平　著

出版发行	上海教育出版社有限公司
官　　网	www.seph.com.cn
地　　址	上海市闵行区号景路159弄C座
邮　　编	201101
印　　刷	上海颛辉印刷厂有限公司
开　　本	700×1000　1/16　印张 12
字　　数	170 千字
版　　次	2023年3月第1版
印　　次	2023年3月第1次印刷
书　　号	ISBN 978-7-5720-1848-0/G·1674
定　　价	56.80 元

如发现质量问题，读者可向本社调换　　电话：021-64373213

数学家名言

宇宙之大，粒子之微，火箭之速，化工之巧，地球之变，生物之谜，日用之繁，无处不用数学。

——中国科学院院士、数学家　华罗庚

给我最大快乐的，不是已懂的知识，而是不断地学习；不是已有的东西，而是不断地获取；不是已达到的高度，而是继续不断地攀登。

——德国数学家　高斯

致小读者

孩子们，当你看到这本书时，一定会对《一点就通——送给爱数学的孩子》书名感兴趣吧！什么叫做"一点就通"呢？

这要从"点石成金"的故事讲起。传说，古时候有一位神仙，神通广大，魔法无边，特别是他的手指头，只要一点，石头都会变成金子。有一次他对一位青年说，你要什么我就给你什么，金山、金房子、金元宝都会有。青年沉思一下说，我什么都不要，只要你的手指头。这位青年太聪明了，因为有了神仙"点石成金"的手指头，什么都有了。

这本书取名为"一点就通"，意思就是交给你们"点石成金"的手指头，遇到难题能够"一点就通"，有"举一反三"的本领。

这个"一点就通"的金指头，是指数学的解题思路。数学题有千千万万，称之为"题海"一点也不为过。老师不可能去讲解所有的题目，但我们可以找出数学题之间的内在联系，归纳成一类一类，每一类都能总结出一种解题思路。如果掌握了这种解题思路，就能一通百通，解决这一类的许多数学题，这不就是"一点就通"吗？

小学数学中包含了几十种解题思路，我们根据各年级的学习要求，把它们分散到各个年级，每个年级编一本书，六个年级有六本。

每个年级编排了10多个解题思路，解读每个解题思路有四个步骤：

1. 提出问题。从生活实践或数学现象中引出问题。
2. 我先试试。先尝试一下，自己能解决吗？
3. 思路点拨。从中找出规律，总结出解题思路。
4. 考考自己。运用学到的解题思路解决问题。并且设置难一点的题目让自己挑战，再次测试自己的能力。

最后附上"考考自己"的答案，让大家自己核对。

　　本书最后,附有4份"全国数学大王"邀请赛试题,每份20道题目,每题6分,全对得120分。至2017年,"全国数学大王"邀请赛于每年12月份举行,已经举办了20多年。这项比赛的特点是贴近你们的实际情况,不搞偏题、怪题以及太难的题目,让你们跳一跳能做出来。命题要求具有科学性、趣味性、思考性,重在发展数学思维能力。比赛分六个组,使1—6年级孩子都能参加。

　　解答"全国数学大王"邀请赛的试题,也是给你们一次实战的机会,判断你们综合运用各种解题思路的能力,也就是能否做到"一点就通"。

　　这套书是为热爱数学的孩子们编写的,编写得好不好,是否符合你们的需要,你们最有发言权,请把意见告诉我们(邮箱:13776884613@126.com 或 lzj6511@126.com),谢谢孩子们。

　　参与本册编写的还有高芳、陈日铭、董良、陈晨、刘香玲等老师,在此一并表示感谢!

目 录

上篇　解题思路辅导

第一讲　　数列的计算························ 2
第二讲　　数的奇偶性······················· 13
第三讲　　还原问题························· 24
第四讲　　抽屉原理························· 34
第五讲　　分数加减的巧算··················· 44
第六讲　　"羊吃草"问题···················· 56
第七讲　　分数与百分数的应用··············· 65
第八讲　　在尝试中寻找突破口··············· 77
第九讲　　估值问题························· 89
第十讲　　游戏中的对策问题················· 99
第十一讲　最大与最小问题·················· 111

第十二讲　正确判断与推理 ⋯⋯⋯⋯⋯ 121

第十三讲　"牛吃草"问题 ⋯⋯⋯⋯⋯⋯ 135

第十四讲　学会操作与实践 ⋯⋯⋯⋯⋯ 146

下篇　"数学大王"挑战赛

第一场 ⋯⋯⋯⋯⋯⋯⋯⋯⋯⋯⋯⋯⋯⋯ 160

第二场 ⋯⋯⋯⋯⋯⋯⋯⋯⋯⋯⋯⋯⋯⋯ 163

第三场 ⋯⋯⋯⋯⋯⋯⋯⋯⋯⋯⋯⋯⋯⋯ 166

第四场 ⋯⋯⋯⋯⋯⋯⋯⋯⋯⋯⋯⋯⋯⋯ 170

参考答案 ⋯⋯⋯⋯⋯⋯⋯⋯⋯⋯⋯⋯⋯⋯ 173

上篇
解题思路辅导

第一讲　数列的计算

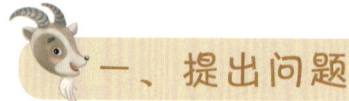

同学们，下面这列数中存在着排列规律。仔细观察，你能找出其中的规律，并在括号中填上合适的数吗？

1，2，4，8，16，(　　　)，64，128

像这样，按照一定次序排列的一列数叫做数列，数列中的每一个数都是这个数列的项。数列问题一般有两类：一是求数列中的某一项；二是求数列中某些项的和。

通过找规律，我们慢慢地就能解决数列中的问题。

二、我先试试

根据规律填数：

（1）45，36，28，21，(　　　)，10，6，3，1；

（2）1，2，6，24，120，(　　　)，5040；

（3）32，16，48，24，72，36，(　　　)，54，162；

（4）3，$\frac{1}{2}$，6，$\frac{1}{3}$，9，$\frac{1}{4}$，12，(　　　)，15，$\frac{1}{6}$，(　　　)。

【分析与解答】

这四个数列中的规律各不相同，需要我们仔细观察这些数的特点，寻找合适的运算关系。

（1）相邻两项的差依次是9、8、7和4、3、2，所以规律是差依次减1，应填15。

（2）相邻两项的关系是：1×2=2，2×3=6，6×4=24，24×5=120，所以接下去是120×6，应填720。

（3）32÷2＝16，16×3＝48，后面每一项都符合"先除以2，再乘3"的规律，计算可知，应填108。

（4）这个数列要拆分来看，奇数项为3，6，9，12，…，偶数项为$\frac{1}{2}$，$\frac{1}{3}$，$\frac{1}{4}$，…，所以不难发现，应填$\frac{1}{5}$和18。

我会解答啦！

【例1】 计算下列各式的值。

（1）1＋3＋5＋7＋9＋…＋97＋99；

（2）（2＋4＋6＋8＋…＋1998＋2000＋2002）－（1＋3＋5＋7＋…＋1997＋1999＋2001）。

【分析与解答】

仔细观察（1）式中各数的特点，发现相邻两数的差都是2。从第二项起，每一项与它的前一项的差都等于同一个数，这样的数列叫做等差数列，这个差叫做公差。因此，（1）式中的数组成一个等差数列，共有50项，公差为2，首项为1，末项为99。如果将这50个数分组，可得

1＋3＋5＋7＋9＋…＋97＋99＝（1＋99）＋（3＋97）＋（5＋95）＋…＋（49＋51），这样的和共有50÷2＝25（组）。于是：

原式＝100＋100＋100＋…＋100

＝100×25

＝2500

结合上题，我们给出等差数列的求和公式：

等差数列各项之和＝（首项＋末项）× 项数 ÷2。

在（2）式中，只要分别求出 2 + 4 + 6 + 8 + … + 1998 + 2000 + 2002 及 1 + 3 + 5 + 7 + … + 1997 + 1999 + 2001 的和就可以了。这是两个等差数列求和的问题，如能知道它们的项数，就可运用等差数列的求和公式了。

在等差数列中，因为第 2 项 = 首项 + 公差，第 3 项 = 首项 + 公差 ×2，第 4 项 = 首项 + 公差 ×3，……，末项 = 首项 + 公差 ×（项数 − 1），所以项数 =（末项 − 首项）÷ 公差 + 1。

因此，2 + 4 + 6 + 8 + … + 1998 + 2000 + 2002 的项数为（2002 − 2）÷ 2 + 1 = 1001，1 + 3 + 5 + 7 + … + 1997 + 1999 + 2001 的项数为（2001 − 1）÷ 2 + 1 = 1001。

于是，2 + 4 + 6 + 8 + … + 1998 + 2000 + 2002 =（2 + 2002）× 1001 ÷ 2 = 1003002，1 + 3 + 5 + 7 + … + 1997 + 1999 + 2001 =（1 + 2001）× 1001 ÷ 2 = 1002001。

所以，(2 + 4 + 6 + 8 + … + 1998 + 2000 + 2002) − (1 + 3 + 5 + 7 + … + 1997 + 1999 + 2001) = 1003002 − 1002001 = 1001。

我来回头讲思路。

【例2】20个连续偶数的和为2380，其中最大的偶数是多少？

【分析与解答】

20个连续的偶数组成一个数列，因为相邻两项的差都是2，所以这是一个公差为2的等差数列。可知，第2项 = 第1项 + 2，第3项 = 第1项 + 4，……，末项 = 第1项 +（20 − 1）× 2，即第20项 = 第1项 + 38。我们可以设首项是 x，并根据"等差数列各项之和 =（首项 + 末项）× 项数 ÷2"这一公式，列方程来解答这个问题。

解：设首项为 x，列方程得

$$2380=(x+x+38)\times 20\div 2$$
$$2x=200$$
$$x=100$$

所以，最大偶数为 $100+38=138$。

我来回头讲思路。

【例3】仔细观察下面的分数串，先找到规律，再解决下面两道小题。

$\dfrac{1}{1}, \dfrac{1}{2}, \dfrac{2}{2}, \dfrac{1}{2}, \dfrac{1}{3}, \dfrac{2}{3}, \dfrac{3}{3}, \dfrac{2}{3}, \dfrac{1}{3}, \dfrac{1}{4}, \dfrac{2}{4}, \dfrac{3}{4}, \dfrac{4}{4}, \dfrac{3}{4}, \dfrac{2}{4}, \dfrac{1}{4}, \cdots$

（1）$\dfrac{7}{9}$ 是第几个分数？

（2）第 330 个分数是几分之几？

【分析与解答】

不妨先观察一下每一个分数的分子和分母，找出这一串分数排列的规律。想一想：分母是 1 的分数有几个？分母是 2 的分数有几个？它的分子是怎样排列的？分母是 3、4 的分数呢？不难看出：

分母是 1 的分数有 1 个：$\dfrac{1}{1}$；

分母是 2 的分数有 3 个：$\dfrac{1}{2}, \dfrac{2}{2}, \dfrac{1}{2}$；

分母是 3 的分数有 5 个：$\dfrac{1}{3}, \dfrac{2}{3}, \dfrac{3}{3}, \dfrac{2}{3}, \dfrac{1}{3}$；

分母是 4 的分数有 7 个：$\dfrac{1}{4}, \dfrac{2}{4}, \dfrac{3}{4}, \dfrac{4}{4}, \dfrac{3}{4}, \dfrac{2}{4}, \dfrac{1}{4}$。

以此类推，分母是 5、6、7、8 的分数个数分别为 9、11、13、15。分母是 1、2、3、4、5、6、7、8 的分数的总个数为：$1+3+5+7+9+11+13+15=64$（个）。

（1）通过以上分析可知，分母是9的分数共有17个，$\frac{7}{9}$ 应该是分母为9的分数中的第7个和第11个。64 + 7 = 71，64 + 11 = 75。所以，$\frac{7}{9}$ 是第71个分数和第75个分数。

（2）这个问题有一定的难度。我们可以这样思考：

分母是1、2、3、4、5、6、7、8、9……的分数个数分别是1、3、5、7、9、11、13、15、17……经过试算，分母从1到18，共有分数的个数是：1 + 3 + 5 + … + 35 = 324（个），从第325个开始是分母为19的分数。因为330 − 324 = 6（个），而分母为19的分数中的第6个是 $\frac{6}{19}$，所以这列数的第330个分数是 $\frac{6}{19}$。

我来回头讲思路。

【找出规律】

任何事物的发展变化都是有规律可循的，想要解决数列问题，关键是找出规律。

要找规律，就要靠细致的观察和认真的比较、分析，有时还必须先考虑几个简单的问题，作一些简单的试算与推理，慢慢地我们一定会找到变化规律。然后，我们就可以运用这个规律去解决相关问题。

四、考考自己

1. 计算：1900 + 1904 + 1908 + … + 2004 + 2008（10分）

2. $\frac{4}{7}$化成循环小数后,小数点后第200个数字是几?(10分)

3. 如右图,一个堆放铅笔的V形架的最下层放有1支铅笔,每往上一层都比它下面一层多放1支,最上面一层放有120支。这个V形架上一共放了多少支铅笔?(10分)

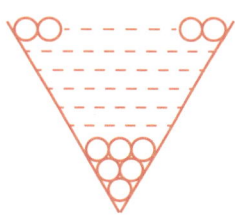

4. 21个连续自然数的和是2016,这21个数中最小的数是多少?(10分)

5. 在1~1991这1991个自然数中,所有的奇数之和与所有的偶数之和的差是多少?(10分)

6. 计算：$1992 + \frac{1}{2} - 1\frac{1}{3} + 2\frac{1}{2} - 3\frac{1}{3} + 4\frac{1}{2} - 5\frac{1}{3} + \cdots + 1990\frac{1}{2} - 1991\frac{1}{3}$（10分）

7. 算式 $1+3, 3+6, 5+9, 7+12, 9+15, \cdots\cdots$ 是按一定规律排列的。其中，第2003个算式的结果是多少？（10分）

8. 等差数列 $4, 12, 20, \cdots, 580$ 是第几项？（10分）

9. 游乐园的"快乐台阶"最高一级宽60厘米，最低一级宽150厘米，中间还有13级，各级宽度组成等差数列。求正中间一级台阶的宽度。（10分）

10. 找到1991个自然数（其中一个是1991），使它们的倒数之和恰好为1（这些自然数不都相同）。你能做到吗？（10分）

11. 把1到100这一百个自然数全部写出来，出现的所有数字的和是多少？（20分）

得分：_____

【考考自己】答案

1. 54712。

因为首项 = 1900，末项 = 2008，公差 = 4，项数 =（2008 − 1900）÷ 4 + 1 = 28，所以 1900 + 1904 + 1908 + … + 2004 + 2008 =（1900 + 2008）× 28 ÷ 2 = 54712。

2. 7。

$\frac{4}{7}$ = 0.571428571428571428……即从小数点后第一位开始，5、7、1、4、2、8 这六个数字循环出现。因为 200 ÷ 6 = 33……2，所以小数点后第 200 位是循环节的第二位，即数字 7。

3. 7260 支。

V 型架上每层铅笔支数的排列构成等差数列，总数是 1 + 2 + 3 + … + 120 =（1 + 120）× 120 ÷ 2 = 7260（支）。

4. 86。

解法一：这 21 个数组成一个等差数列，公差为 1。设最小的数为 x，那么其余的数为 $x+1, x+2, …, x+20$。由等差数列求和公式，可列出方程 2016 =（$x + x + 20$）× 21 ÷ 2，解得 $x = 86$。

解法二：因为这 21 个数的和是 2016，那么中间的那个数就是这 21 个数的平均数。因此第 11 个数为 2016 ÷ 21 = 96，所以最小数为 96 − 10 = 86。

5. 996。

（1 + 3 + … + 1991）−（2 + 4 + … + 1990）

= 1 +（3 − 2）+（5 − 4）+ … +（1991 − 1990）

= 1 + $\underbrace{1 + … + 1}_{995 \text{ 个}}$

= 996。

6. 1162。

$$1992 + \frac{1}{2} - 1\frac{1}{3} + 2\frac{1}{2} - 3\frac{1}{3} + 4\frac{1}{2} - 5\frac{1}{3} + \cdots + 1990\frac{1}{2} - 1991\frac{1}{3}$$

$$= [\underbrace{(2-1)+(4-3)+\cdots+(1992-1991)}_{996 \text{ 个 } 1}] +$$

$$[\underbrace{\left(\frac{1}{2}-\frac{1}{3}\right)+\left(\frac{1}{2}-\frac{1}{3}\right)+\cdots+\left(\frac{1}{2}-\frac{1}{3}\right)}_{996 \text{ 个 } \left(\frac{1}{2}-\frac{1}{3}\right)}]$$

$$= 996 + 996 \times \frac{1}{6}$$

$$= 996 + 166$$

$$= 1162。$$

7. 10014。

观察发现,加法算式的第一个加数 1、3、5、7、9……构成等差数列,公差为 2,首项为 1,末项是 $1+(2003-1)\times 2 = 4005$;加法算式的第二个加数 3、6、9、12、15……也构成等差数列,首项为 3,公差为 3,末项是 $3+(2003-1)\times 3 = 6009$。所以,第 2003 个算式的结果为 $4005+6009 = 10014$。

8. 第 73 项。

$(580-4) \div 8 + 1 = 72 + 1 = 73$。

9. 105 厘米。

这道题看似复杂,其实我们可以用 $(60+150) \div 2 = 105$ 直接求得。

10. 可以找到满足要求的自然数。

因为 $\frac{1}{1\times 2} + \frac{1}{2\times 3} + \frac{1}{3\times 4} + \cdots + \frac{1}{1990\times 1991} = 1 - \frac{1}{2} + \frac{1}{2} - \frac{1}{3} + \frac{1}{3} - \frac{1}{4} + \cdots + \frac{1}{1990} - \frac{1}{1991} = 1 - \frac{1}{1991}$,所以 $\frac{1}{1\times 2} + \frac{1}{2\times 3} + \frac{1}{3\times 4} + \cdots + \frac{1}{1990\times 1991} + \frac{1}{1991} = 1$。最终结果是:$1\times 2$、$2\times 3$、$3\times 4$、$\cdots$、$1990\times 1991$ 和 1991 这 1991 个自然数满足原题的要求。

11. 901。

把 1 到 100 这一百个自然数排成以下数阵：

```
        1  2  3  4  5  6  7  8  9
    10 11 12 13 14 15 16 17 18 19
    20 21 22 23 24 25 26 27 28 29
                ……
    90 91 92 93 94 95 96 97 98 99
    100
```

从数阵中可以看出，除 100 以外的 99 个自然数中：个位上，0 出现了 9 次，1 到 9 这九个数字分别出现了 10 次；十位上，1 到 9 也分别出现了 10 次。最后一个数 100，三个数字 1、0、0 的和是 1。所以，出现的所有数字的和是 $(1+2+3+\cdots+8+9)\times 10\times 2+1=(1+9)\times 9\div 2\times 10\times 2+1=901$。

第二讲　数的奇偶性

一、提出问题

小贝和小玲玩卡片游戏。小贝将 5 张卡片排成一列放在桌上（卡片背面朝上），然后对小玲说："每次翻动其中任意 2 张，可以翻任意次。如果你能让所有卡片正面朝上，就是你赢，否则我赢。"你知道谁最终赢了这场游戏吗？

这个问题与数的奇偶性有关。我们知道，整数中是 2 的倍数的数叫做偶数（0 也是偶数），不是 2 的倍数的数叫做奇数。一个整数不是奇数就是偶数，这是它本身的属性，称作数的奇偶性。如果我们能够灵活运用数的奇偶性，就可以解决类似的数学问题。

二、我先试试

请试着填一填，将下面的奇偶规则补充完整。

（1）奇数 + 奇数 =(　　　)；

（2）奇数 - 奇数 =(　　　)；

（3）偶数 + 偶数 =(　　　)；

（4）偶数 - 偶数 =(　　　)；

（5）奇数 + 偶数 =(　　　)；

（6）奇数（偶数）- 偶数（奇数）=(　　　)；

（7）奇数 × 奇数 =(　　　)；

（8）偶数 × 偶数 =(　　　)；

（9）奇数 × 偶数 =(　　　)；

（10）一个偶数，如果能被奇数整除，商一定是(　　　)；

（11）一个奇数，如果能被另一个奇数整除，商一定是(　　　)。

【分析与解答】

上面的规则看似很多，其实我们很容易想通。你还可以代入数据试一试，验证你的结论。

答案依次是：（1）偶数；（2）偶数；（3）偶数；（4）偶数；（5）奇数；（6）奇数；（7）奇数；（8）偶数；（9）偶数；（10）偶数；（11）奇数。

三、思路点拨

【例1】一只电动老鼠从右图的 A 点出发，沿格线奔跑，每到一个格点都要转 90° 弯（转弯方向不定），最后它又回到了 A 点。甲说它共转了 81 次弯，乙说它共转了 82 次弯。如果甲、乙二人有一人说对了，那么谁是正确的？

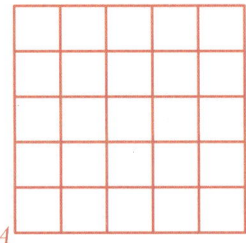

【分析与解答】

因为老鼠遇到格点必须转弯，所以经过多少格点就转了多少次弯。我们把原来格子图的每个交叉点都交替画上红点和白点，如右图所示。这时，我们发现电动老鼠从红点 A 出发，到达任何一个红点时都已经转了奇数次弯，到达任何一个白点时都已经转了偶数次弯。而它回到 A 点又正好是红点，于是它一共转了奇数次弯。所以，甲的说法是正确的。

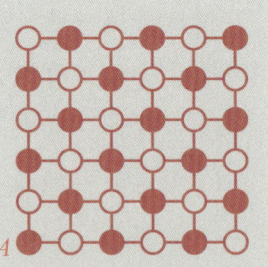

【例2】某次数学奥林匹克竞赛初赛试题共22题,计分方法是:起点分11分,答对1题加5分,不答1题倒扣1分,答错1题倒扣3分。问:1993名学生参赛,所有参赛学生得分的总和是奇数还是偶数?

【分析与解答】

我们要先弄清在不同的答题状况下,学生所得的分是奇数还是偶数,再综合进行考虑。分类如下:

(1)对每一位参赛者来说,22题全答对可得 $11+5×22=121$(分)。

(2)答对21题、不答1题,实际得分为 $121-(5+1)=115$(分)。如果几题不答,其余题目全部答对,那么实际得分为121减去6的倍数分。因为6的倍数分一定是偶数,所以实际得分是一个奇数。

(3)答对21题、答错1题,实际得分为 $121-(5+3)=113$(分)。如果答错几题,其余题目全部答对,那么实际得分为121减去8的倍数分。因为8的倍数分一定是偶数,所以实际得分也是一个奇数。

(4)答对20题、不答1题、答错1题,实际得分为 $121-6-8=107$(分)。如果几题不答并答错几题,其余题目全部答对,那么实际得分为121先减去6的倍数分、再减去8的倍数分,实际得分仍然是一个奇数。

这样,对每一位参赛者来说,无论答对、答错、不答几题,实际得分都是奇数。因此,1993名参赛者得分的总和一定是奇数。

我来回头讲思路。

【例3】元旦前夕,同学们互送贺卡。规定每人只要接到他人送的贺卡,就必须回赠贺卡。在这些同学中,有人送出去奇数张贺卡,有人送出去偶数张贺卡。那么,送出奇数张贺卡的人数是奇数还是偶数?为什么?

【分析与解答】

由于是两人互送贺卡,送出去一张必定会收到一张,因此贺卡的总数应是 2 的倍数,即贺卡的总数一定是偶数。

又因为送贺卡的人可以分为两种:

第一种是送出了偶数张贺卡的人:他们送出贺卡的总和为偶数。

第二种是送出了奇数张贺卡的人:他们送出的贺卡总数 = 所有人送出的贺卡总数 − 送出偶数张贺卡的人送出的贺卡总数 = 偶数 − 偶数 = 偶数。

由此可知,送出奇数张贺卡的人数必定是偶数。

我来回头讲思路。

【找出规律】

运用奇数、偶数的性质进行分析、推理的方法,称为奇偶性分析。这种方法具有很强的技巧性,选择什么量进行奇偶性分析是解题的关键所在。只要选对了关键量,依据奇偶数的性质来分析这个量的奇偶特点,问题便能迎刃而解。

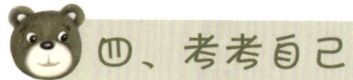

四、考考自己

1. 你能从下表中任意选出 5 个数,使它们的和等于 30 吗?为什么?(10 分)

1	3	7	9	5
7	5	3	1	9
9	7	5	3	1

2. 小明买了一本88页的练习本，并依次将每张纸的正反两面都编上页码（即从第1页编到第88页）。小明的妹妹从这本练习本中撕下19张纸，并将写在它们上面的页码数相加。问：小明的妹妹所加的得数有可能等于2004吗？（10分）

3. 任意给出一个三位数 abc，把它的三位数字任意进行改变，得到一个新的三位数。问：这两个三位数的和有可能等于999吗？（10分）

4. 体育课上，33个小朋友面向体育老师站成一排，老师每喊一声"向后转"口令，均有8个小朋友向后转。问：经过这样的若干次向后转，能不能使所有的小朋友全部转过身去？（10分）

5. 右图是一张靶纸，靶纸上的 1、3、5、7、9 表示射中该靶区的分数。甲说："我打了 6 枪，每枪都中靶得分，共得 27 分。"乙说："我打了 3 枪，每枪都中靶得分，共得 27 分。"已知甲、乙两人中只有一人说的是真话，那么说假话的是谁？（10 分）

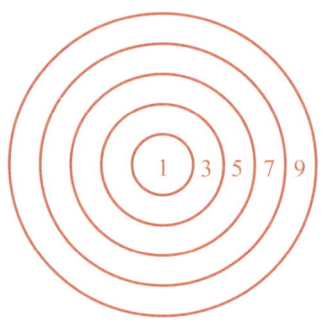

6. 一次数学考试共有 20 道题，规定答对 1 题得 2 分，答错 1 题倒扣 1 分，未答的题不计分。考试结束后，小明共得 23 分。小明想知道自己做错了几道题，但只记得未答的题的数目是一个偶数。你能帮助小明计算一下，他答错了多少道题吗？（10 分）

7. 任意取 2014 个连续自然数，它们的总和是奇数还是偶数？（10 分）

8. 一本书中有一张被撕掉了,余下的页码之和是1133。问:这本书有多少页?被撕掉的那一张是第几页和第几页?(10分)

9. 如下图,从0点起每隔3米种一棵树。如果把3块写有"爱护树木"的小木牌分别挂在其中3棵树上,那么不管怎么挂,至少有2棵挂牌树之间的距离是偶数(以米为单位)。试说明理由。(10分)

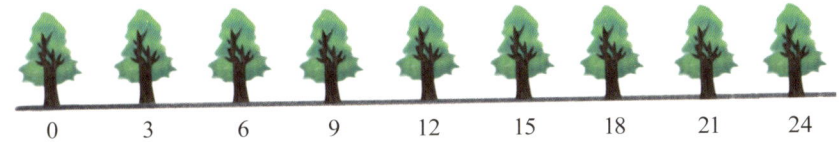

10. 如右图,小地球仪上赤道大圆与过南北极的某大圆相交于A、B两点。有黑、白两只蚂蚁从A点同时出发,分别沿着这两个大圆爬行。黑蚁爬赤道大圆一周需要10秒钟,白蚁爬过南北极的大圆一周需要8秒钟。问:在10分钟内,黑、白二蚁在B点相遇几次?为什么?(10分)

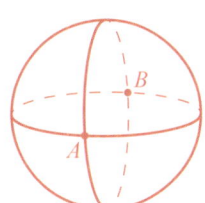

我来挑战!

11. 如下图,一个圆周上有9个位置,依次编为1~9号。现有一个小球在1号位置上,它在第一天顺时针前进10个位置,第二天逆时针前进14个位置。以后,第奇数天与第一天相同,顺时针前进10个位置,第偶数天与第二天相同,逆时针前进14个位置。问:至少经过多少天,小球又回到1号位置?(20分)

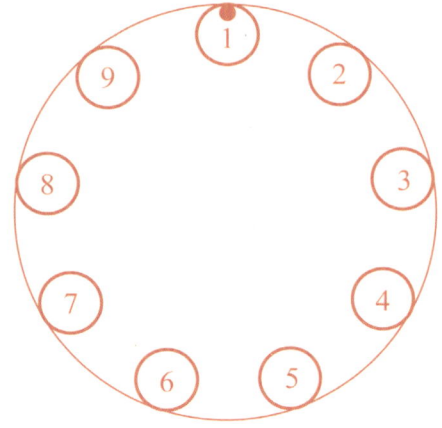

得分:_____

【考考自己】答案

1. 不能。

因为表中 15 个数全是奇数，而奇数个奇数的和仍然是奇数，所以要想从中找出 5 个数使它们的和是偶数 30，显然是不可能的。

2. 不可能。

因为每张纸正反两面页数的和是奇数，19 也是奇数，而奇数个奇数的和仍然是奇数，所以不可能是偶数 2004。

3. 不可能。

设 abc 的各位数字的顺序改变后，得到的数是 def。假设原数与新数的和可以等于 999，即

$$\begin{array}{r} a\ b\ c \\ +\ d\ e\ f \\ \hline 9\ 9\ 9 \end{array}$$

在这个竖式里，因为 9 + 9 = 18，18 < 19，所以 c、f 的和不可能等于 19，即它们的和不可能进位。同样，b、e 的和以及 a、d 的和也不可能有进位。因此，$a+d=9$，$b+e=9$，$c+f=9$。

因为 a、b、c 和 d、e、f 是相同的三个数字，所以有

$$\begin{aligned} 2\times(a+b+c) &= (a+b+c)+(d+e+f) \\ &= (a+d)+(b+e)+(c+f) \\ &= 9+9+9 \\ &= 27 \end{aligned}$$

但是，$2\times(a+b+c)$ 应该是偶数，不可能等于奇数 27。所以，原数与新数的和不可能等于 999。

4. 不能。

根据我们的生活经验，每个小朋友如果向后转奇数次，就能转过身去；如果向后转偶数次，就又回到了原位。这样，要使 33 个小朋友全部转身，一定要经过 33 个奇数次的向后转才能达到目的。因为 33 个奇数的和仍然是一个奇数，而题中明确告诉我们，每次有 8 个小朋友向后转，所以最终向后转的次数总和一定是一个偶数。因此，不能经过若干次向后转，使全部小朋友转过身

去。本讲开头的游戏问题也是同样的道理。

5. 甲。

由于每个靶区的分数都是奇数,而 6 个奇数之和为偶数,不可能是奇数 27,因此说假话的是甲。

6. 3 道题。

从小明的得分来看,他答错的题数一定是奇数。如果答错 1 道题,那么他应答对 12 道才会得 $12 \times 2 - 1 = 23$(分),这样小明一共答了 13 道题,未答的题数 7 不是偶数;如果答错 3 道题,那么他应答对 13 道才能得 $13 \times 2 - 3 = 23$(分),这样小明一共答了 16 道题,未答的题是 4 道,恰为偶数。此外,小明不可能答错 5 道或 5 道以上的题。因此,他答错了 3 道题。

7. 奇数。

因为 $2014 \div 2 = 1007$,所以任取 2014 个连续自然数,其中奇数和偶数均是 1007 个,又因为奇数个奇数的和是奇数,所以它们的总和也是奇数。

8. 这本书有 48 页,被撕掉的是第 21 页和第 22 页。

设这本书有 n 页,故它的页码是从 1 到 n 的连续自然数,所有页码之和应该是 $1 + 2 + \cdots + n = \frac{1}{2} n (n + 1)$。由题意可知,$\frac{1}{2} n (n + 1) > 1133$,且它们的差不能超过最后一张的两面页码之和。

估算可知,只有当 $n = 48$ 时符合题意。$\frac{1}{2} n (n + 1) = \frac{1}{2} \times 48 \times 49 = 1176$,$1176 - 1133 = 43$。根据书页的页码编排,被撕的一张页码应是连续的奇、偶数,其和是奇数,$43 = 21 + 22$。所以,这本书有 48 页,被撕掉的是第 21 页和第 22 页。

9. 设 3 棵挂牌树之间的两个间隙为 a 米和 b 米。有三种情况:① a 为偶数,b 为偶数,则偶数加偶数仍然是偶数,所以 3 棵树两两之间的距离都是偶数;② a 与 b 一个是奇数,一个是偶数,则有 2 棵树之间的距离必定是偶数;③ a 为奇数,b 为奇数,则奇数加奇数为偶数(如 $3 + 6$,$9 + 21$),所以头尾两棵树之间的距离是一个偶数。所以,至少有 2 棵树之间的距离是偶数。

10. 相遇 0 次。(即黑、白二蚁永不能在 B 点相遇)

黑、白二蚁同时从 A 点出发，要在 B 点相遇，必须满足两个条件：①黑、白二蚁爬行时间相同；②在此时间内，二蚁爬行奇数个半圆。但根据题目可知，黑蚁爬半圆需要 5 秒钟，白蚁爬半圆需要 4 秒钟，即黑蚁爬行奇数个半圆要用奇数秒（5 秒的奇数倍），白蚁爬行奇数个半圆要用偶数秒（4 秒的奇数倍），奇数与偶数不可能相等。所以，黑、白二蚁永远不能在 B 点相遇。

11. 15 天。

根据题目可知，小球顺时针前进 10 个位置，相当于顺时针前进 1 个位置；逆时针前进 14 个位置，相当于顺时针前进 18－14＝4 个位置。所以，原题等价于：小球每天顺时针 1 个位置、4 个位置交替前进，直到前进的位置个数是 9 的倍数时，回到起点 1 号位置。可列表如下：

天数	1	2	3	4	5	6	7	8	9	10	11	12	13	14	⑮	16	…
前进位置（累积）	1	5	6	10	11	15	16	20	21	25	26	30	31	35	㊱	40	…

第 15 天累积前进 36 个位置，36 是 9 的倍数，所以第 15 天又回到 1 号位置。

第三讲　还原问题

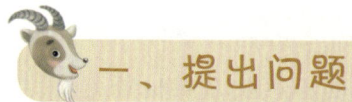

一、提出问题

一位老爷爷对明明说:"把我的年龄加上14,然后用4除,减去15以后再乘10,恰好是100岁。"你能帮明明算一算老爷爷的年龄吗?

已知问题中某一数量的变化过程和最后的结果,求原来的数量,这类问题通常称为"还原问题"。本讲我们就一起来学习还原问题的解决方法。

二、我先试试

100名乒乓球选手参加淘汰制比赛,从中产生1名冠军,一共要进行多少场比赛?(所谓"淘汰制比赛",就是每赛1场就要有一方选手被淘汰)

【分析与解答】

遇到这类问题,我们常常会这样想:先把100人分成50组,进行50场比赛,这样就淘汰了50人;再把剩下的50人分成25组,进行25场比赛,又可以淘汰25人;然后把剩下的25人中的24人分成12组(1人轮空,留到后面出现单数时再加入分组),进行12场比赛,又可以淘汰12人……这样算是不是很麻烦呢?

其实,如果我们反过来想一想,这道题就十分简单。

要产生1名冠军,就必须淘汰所有其余的99名选手。而每比赛1场就淘汰1名选手,因此必须进行99场比赛!

我会解答啦!

三、思路点拨

【例1】 仓库里有一批大米。第一天售出的质量比总量的一半少12吨,第二天售出的质量比剩下的一半多12吨,结果还剩下19吨。这个仓库原有大米多少吨?

【分析与解答】

如果第二天刚好售出剩下的一半,就应是(19+12)吨。第一天售出以后,剩下的吨数就是(19+12)×2=62(吨),所以总量的一半就是62-12=50(吨),总量为100吨。

完整解答如下:

(19+12)×2=62(吨),62-12=50(吨),50×2=100(吨)。

我来回头讲思路。

【例2】 在下面的 □ 中填入适当的运算符号或括号,使等式成立。

$$\frac{1}{3} \Box \frac{1}{3} \Box \frac{1}{3} \Box \frac{1}{3} \Box \frac{1}{3} = \frac{2}{9}$$

【分析与解答】

这一道题,如果顺着式子去填,你可能会无从下手。但如果先分析一下算式的结果,再倒过来算一算,你就能很快找到正确答案。

因为 $\frac{2}{9} = \frac{2}{3} \times \frac{1}{3}$,$\frac{1}{3}$ 是题目中的已知数,所以只要先根据题目中给出的数据求出 $\frac{2}{3}$,接下去就不难思考了。

这一题还可以这样想:因为 $\frac{2}{9} = \frac{1}{3} - \frac{1}{9}$,所以只要根据题目中的数据先求出 $\frac{1}{9}$,接下去也就不难思考了。

综合上述分析,这道题有两种思路,两种思路对应的填法分别列举如下:

① $\frac{1}{3} \times \left(\frac{1}{3} + \frac{1}{3}\right) + \frac{1}{3} - \frac{1}{3} = \frac{2}{9}$;

② $\frac{1}{3} - \frac{1}{3} \times \frac{1}{3} + \frac{1}{3} - \frac{1}{3} = \frac{2}{9}$。

我来回头讲思路。

【例3】李白是我国唐代伟大的浪漫主义诗人,他非常喜欢喝酒。有一首关于他的打油诗是这样写的:

无事街上走,提壶去买酒,
遇店加一倍,见花喝一斗。
三遇店和花,喝光壶中酒。
试问壶中原有多少酒?

【分析与解答】

这首打油诗是一道计算题。意思是说,李白的壶中原来就有酒,每次遇到小店就将壶中的酒增加一倍,每次看到花,他就饮酒作诗,喝去一斗(斗:古代容积单位)。这样经过三次后,他就将壶中的酒喝光了。问:李白的酒壶中原有多少酒?

从诗句中可以知道,李白先遇到店,后见到花。只要反过来想一想,这道题就容易解了。根据题意,第三次见到花前,壶内只剩一斗酒,那么,第三次遇店前,壶内应有半斗酒,即$\frac{1}{2}$斗酒。以此类推,第二次见花前壶内有酒$\left(\frac{1}{2}+1\right)$斗,第二次遇店前壶内有酒$\left(\frac{1}{2}+1\right) \div 2 = \frac{3}{4}$(斗)……继续按上述方法类推,就能算出最后的结果是$\frac{7}{8}$斗酒。

完整解答：$1 ÷ 2 = \frac{1}{2}$（斗），$\left(\frac{1}{2} + 1\right) ÷ 2 = \frac{3}{4}$（斗），$\left(\frac{3}{4} + 1\right) ÷ 2 = \frac{7}{8}$（斗）。

答：李白的酒壶中原有酒 $\frac{7}{8}$ 斗。

我来回头讲思路。

【找出规律】

面对还原问题，关键是要学会"反过来想"。解答这一类问题时，要根据题意，从所给的结果出发，抓住逆运算关系，由此向前一步步逆推，逐步靠拢已知条件，直到问题解决。

在解答还原问题时，如果列综合算式，那么要注意括号的正确使用。

四、考考自己

1. 三（1）班小图书箱第一天借出了存书的一半，第二天又借出了43本，还剩32本。小图书箱原有图书多少本？（10分）

2. 小明在做一道加法题时，由于粗心，将个位上的5看作9，将十位上的8看作3，结果所得的和是123。正确的答案应是多少？（10分）

3. 甲、乙两个车站共停了135辆汽车，某天从甲站开到乙站36辆汽车，从乙站开到甲站45辆汽车，这时乙站所停的汽车的数量是甲站的1.5倍。原来甲、乙两个车站各停放了多少辆汽车？（10分）

4. 有甲、乙两堆棋子，其中甲堆棋子多于乙堆。现在按如下方法移动棋子：第一次从甲堆中拿出和乙堆一样多的棋子放到乙堆，第二次从乙堆中拿出和甲堆一样多的棋子放到甲堆。照此方法移动三次后，甲、乙两堆棋子数恰好都是32颗。原来甲、乙堆各有多少颗棋子？（10分）

5. 兄弟二人分30块糖，弟弟抢先抓了一把，哥哥看弟弟抓得太多，于是从弟弟那儿抢下一半，弟弟不服，又从哥哥那儿抢回了一半，哥哥不肯，最后弟弟给了哥哥7块，这时哥哥比弟弟多2块糖。弟弟最初抓了多少块糖？（10分）

6. 甲、乙两班共有学生95人。从甲班调8名学生到乙班，再从乙班调35名学生到丙班，这时甲班的学生人数是乙班的2倍。原来甲、乙两班各有学生多少人？（10分）

7. 小马虎在做一道加法题时，把个位上的8看作3，把十位上的6看作9，结果所得的和是213。正确的答案应该是多少？（10分）

8. 一筐桃子，第一次取出总数的一半多1个，第二次取出余下的一半多1个，第三次取出第二次余下的一半多1个，这时筐里还剩1个。原来筐里有多少个桃子？（10分）

9. 甲、乙、丙三筐苹果共重120千克。如果从甲筐中取出15千克放入乙筐,再从乙筐中取出8千克放入丙筐,最后从丙筐中取出2千克放入甲筐,那么这时三筐中的苹果质量相等。原来甲、乙、丙筐各有苹果多少千克?(10分)

10. 从某仓库运出五次货物,第一次运出仓库货物的一半以后,接下来每次都运出上一次余下货物的一半。第五次运出后,把余下的货物分给甲、乙、丙三家工厂,甲厂得$\frac{1}{2}$,乙厂得$\frac{1}{3}$,丙厂得8吨货物,刚好分完。原来仓库存有货物多少吨?(10分)

11. 爷爷对孙子小明说:"小明,你把这篮桃子的$\frac{1}{3}$多2个给你奶奶,$\frac{1}{2}$少4个给你哥哥小聪,剩下的6个你自己留着,好吗?"问:奶奶、小聪各分得多少个桃子?(20分)

得分:_____

【考考自己】答案

1. 150本。

第一天借书后还剩的本数为 32 + 43 = 75（本），所以原有图书的本数为 75 × 2 = 150（本）。

2. 169。

要求正确的和，就要知道两个正确的加数。看错的加数是39，由此得到错误的和是123，根据逆运算可得到另一个加数是 123 − 39 = 84。题中已知正确的加数是85，所以正确的和是 85 + 84 = 169。

3. 45辆，90辆。

把后来甲站所停汽车看作1倍数，那么乙站所停的汽车就是1.5倍数，它们的和135辆就是2.5倍数。这样可以求出后来甲站的汽车数量是 135 ÷ (1 + 1.5) = 54（辆），乙站后来的汽车数量是 54 × 1.5 = 81（辆）。所以，甲站原来的汽车数量是 54 + 36 − 45 = 45（辆），乙站原来的汽车数量是 81 + 45 − 36 = 90（辆）。

4. 44颗，20颗。

因为第三次是从甲堆拿出和乙堆一样多的棋子放到乙堆，这样做的结果是两堆棋子都是32颗，因此在未进行第三次移动之前，乙堆只有 32 ÷ 2 = 16 颗棋子，而甲堆的棋子数是 32 + 16 = 48（颗）。这样倒推下去，就能求出第二次、第一次移动前甲堆、乙堆的棋子数。倒推的过程可以用下表来表示（箭头表示倒推的方向）。

	乙堆棋子数/颗	甲堆棋子数/颗
第三次移动后	32	32
第二次移动后	32 ÷ 2 = 16	32 ÷ 2 + 32 = 48
第一次移动后	48 ÷ 2 + 16 = 40	48 ÷ 2 = 24
原有棋子	40 ÷ 2 = 20	40 ÷ 2 + 24 = 44

完整解答：32 ÷ 2 + 32 = 48（颗），48 ÷ 2 + 16 = 40（颗）。这样，乙堆原有 40 ÷ 2 = 20 颗棋子，甲堆原有 40 ÷ 2 + 24 = 44 颗棋子。

5. 24块。

由兄弟二人共分30块糖,最后哥哥比弟弟多得2块,可知弟弟最后分得糖的块数是:(30 - 2) ÷ 2 = 14(块)。

在弟弟没给哥哥7块时,他有14 + 7 = 21(块),哥哥这时有30 - 21 = 9(块);哥哥没有给弟弟抢去一半前,哥哥有9 × 2 = 18(块),这时弟弟有30 - 18 = 12(块);所以最初弟弟没有给哥哥抢去一半前,也即第一次抓糖时,抢先抓了12 × 2 = 24(块)。

6. 48人,47人。

人数调整后乙班的人数为(95 - 35) ÷ (2 + 1) = 20(人),甲班的人数为20 × 2 = 40(人)。所以甲班原来的人数为40 + 8 = 48(人),乙班原来的人数为95 - 48 = 47(人)。

7. 188。

我们可以这样想:把个位上的8看作3,相当于把正确的和少算了5,求正确的和,应把5加上;把十位上的6看作9,相当于把正确的和多算了30,求正确的和,应把30减去。这样,正确的答案是213 - 30 + 5 = 188。

8. 22个。

要求原来筐里有多少个桃子,就要从最后剩下的个数依次往前推。第二次取出后剩下的个数是(1 + 1) × 2 = 4(个),第一次取出后剩下的个数是(4 + 1) × 2 = 10(个),所以原来的桃子数是(10 + 1) × 2 = 22(个)。

9. 53千克,33千克,34千克。

根据题意,三筐苹果的质量都有变动,但不管怎样"取出"或"放入",苹果的总质量是不变的。根据三筐苹果变动后的质量恰好相等,可从最后的结果往前推,求出每筐的质量。所以,第一筐重120 ÷ 3 - 2 + 15 = 53(千克),第二筐重120 ÷ 3 - 15 + 8 = 33(千克),第三筐重120 ÷ 3 - 8 + 2 = 34(千克)。

10. 1536吨。

设第五次运出后,余下的货物为"1",那么丙厂的8吨货物相当于$1 - \frac{1}{2} - \frac{1}{3} = \frac{1}{6}$,于是余下的货物是$8 ÷ \left(1 - \frac{1}{2} - \frac{1}{3}\right) = 48$(吨)。由于每次运出的都是

上次余下货物的一半,因此每次余下的也都是上次货物的一半,这样就容易算出仓库原来有货物多少吨了。

完整解答:$8÷\left(1-\dfrac{1}{2}-\dfrac{1}{3}\right)=48$(吨),$48×2×2×2×2×2=1536$(吨)。

11. 10个,8个。

假如小明先向奶奶借来2个桃子,再借给小聪4个桃子,那么小明还有 $6+2-4=4$ 个桃子。通过"借来还去",原题变为:"这篮桃子的 $\dfrac{1}{3}$ 给奶奶,$\dfrac{1}{2}$ 给哥哥,自己分4个,问:奶奶、小聪各分得多少个桃子?"根据题意,桃子总数为:$(6+2-4)÷\left(1-\dfrac{1}{3}-\dfrac{1}{2}\right)=4÷\dfrac{1}{6}=24$(个)。

奶奶应得 $24×\dfrac{1}{3}+2=8+2=10$(个),小聪应得 $24×\dfrac{1}{2}-4=12-4=8$(个)。

第四讲　抽屉原理

一、提出问题

想一想：将6个苹果放进5个抽屉里，可以怎么放？

我们发现，无论怎么放，必有1个抽屉里至少会放进2个苹果。这个原理叫做抽屉原理，又叫狄利克雷原理、鸽巢原理，它是一个重要而又基本的数学原理，应用它可以解决很多有趣的问题，并且常常能够起到令人惊奇的效果。许多看起来相当复杂，甚至无从下手的问题，在利用抽屉原理后，都能很快得到解决。

什么是抽屉原理？它揭示了怎样一种数量规律？为了更好地把握这类问题的实质，我们不妨通过日常生活中的事例，初步认识其中蕴含的数量关系。

二、我先试试

想一想，填一填。

（1）把4个桃子任意放进3个盘子里，那么必有1个盘子里至少放了（　　）个桃子；

（2）7只鸽子飞入3个鸽巢里，那么必有1个鸽巢至少飞进了（　　）只鸽子；

（3）一个小组共有13名同学，那么其中必有至少（　　）名同学在同一个月里过生日。

【分析与解答】

（1）为了看清楚，我们可以把所有放法列成表格。

🍽	🍽	🍽
🍑🍑🍑🍑		
🍑🍑🍑	🍑	
🍑🍑	🍑🍑	
🍑🍑	🍑	🍑

从上表可以看出，必有一个盘子里至少放进了 2 个桃子。

还可以这样想：先在每个盘子里放 1 个桃子，还剩 1 个桃子，此时无论怎么放，都会使其中 1 个盘子中放有 2 个桃子。

（2）可以这样想：先让每个鸽巢飞入 2 只鸽子，还剩 1 只鸽子，此时无论怎么飞，都会使其中 1 个鸽巢中飞入 3 只鸽子。

（3）可以这样想：这个小组中的 12 名同学生日月份各不相同，那么第 13 名同学的生日无论在几月份，都会与其中 1 名同学在同一个月。

抽屉原理虽然看上去比较简单，但是解题途径灵活多样，没有现成的解题模式可以借鉴，因此我们要不断总结经验，发挥聪明才智，探索新思路。

我会解答啦！

三、思路点拨

【例1】 在长度为 2 米的线段上任意取 11 个点，至少有两个点之间的距离不大于 20 厘米。这是为什么？

【分析与解答】

如果把 2 米长的线段平均分为 10 段,那么每段长 20 厘米。把每一段看作一个抽屉,共 10 个抽屉。将 11 个点"放"入 10 个抽屉中,至少有 1 个抽屉中"放"了 2 个点。因而这两点之间的距离一定等于或小于这段的总长 20 厘米,也即不大于 20 厘米。

我来回头讲思路。

【例 2】 一个袋子里有红色、黄色、蓝色的袜子各 10 只,最少要拿出多少只才能保证其中至少有 2 双不同颜色的袜子?(如一双红色袜子、一双黄色袜子。袜子不区分左右)

【分析与解答】

先考虑最不利的情况,拿出 10 只袜子都是同色的。将剩下的 2 种颜色看作 2 个抽屉,那么必须有 3 只袜子才能保证出现相同的颜色。3 + 10 = 13(只),所以至少要拿出 13 只袜子才能保证至少有 2 双不同颜色的袜子。

我来回头讲思路。

【例 3】 能否在 8 行 8 列的方格表(右图)的每一个空格中分别填入 1、2、3 这三个数字中的任意一个,使得每一行、每一列及对角线 AC、BD 上的各个数字之和各不相同?请说明理由。

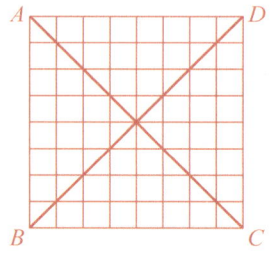

【分析与解答】

这个问题初看起来似乎与抽屉原理关系不大，但深入分析可以发现其中的密切联系。要使图中8行8列及两条对角线共18条"线"上的数字之和均不相同，那么相应数字之和的取值情况应不少于18种。下面我们来分析一下各条"线"上取不同和的情况有多少种。若某一条"线"上的8个空格都填入最小的数1，则可得到数字和的最小值8；若某一条"线"上的8个空格都填入最大的数3，则可得到数字和的最大值24。由于数字及数字和均为整数，因此从8到24共有17种不同的值。我们将数字和的17种不同的值看作17个抽屉，而将18条"线"看作18个元素。根据抽屉原理，将18个元素放入17个抽屉中，一定有一个抽屉中放入了至少两个元素，即18条"线"上的数字和至少有两个相同，所以不可能使各个数字之和互不相同。

我来回头讲思路。

【找出规律】

我们可以将上面这些问题中包含的基本原理概括成如下规律，也即抽屉原理——

【规律一】把多于 n 个物体，按任一确定的方式放进 n 个抽屉，一定至少有一个抽屉中含有2个或2个以上的物体。

进一步地，我们通过推广可以得到：

【规律二】把多于 $m×n$ 个物体放入 n 个抽屉中，一定至少有一个抽屉里有 $m+1$ 个或 $m+1$ 个以上的物体。

由此可知，解决抽屉原理的有关题目时，必须知道两个元素：一是有几个物体（也可以是人或其他事物），二是把这些物体放入了几个抽屉中。

在一些题目中,我们不知道物体的个数,要通过计数或分类枚举等方法把它求出来,这样才能顺利地解决问题。

当然,运用抽屉原理的关键是求出抽屉的个数。抽屉的个数不是随便可以数出来的,关键是要去"制造抽屉",也就是找出可以看作"抽屉"的那个元素。通常情况下,我们可采用合理分类的方法来"制造抽屉",然后运用计数的方法求出抽屉的个数。

四、考考自己

1. 班上有45名学生,老师至少拿几本书随意分给大家,才能保证至少有一名学生能得到2本书?(10分)

2. 幼儿园买来熊、狗、猴三种动物玩具若干,每个小朋友任意选择两件。至少在几个小朋友中才能保证有两个小朋友选的两件玩具是相同的?(10分)

3. 幼儿园新买来82件玩具,把这些玩具分给4个班,是否有班级会分到21件或21件以上的玩具?(10分)

4. 一个布袋中有红、黄、绿、白玻璃球共60颗,每种颜色都是15颗。一次至少摸出几颗玻璃球才能保证其中至少有3颗是同色的?(10分)

5. 六(2)班有43名学生,他们都订阅了《中国少年报》《小学生数学报》《少年文艺》这三种报刊中的一种、两种或三种,其中至少有几名学生订阅的报刊是相同的?(10分)

6. 一个口袋里有四种不同颜色的小球，每种两个。每次摸出两个小球再放回，要保证有10次所摸的结果是一样的，至少要摸多少次？（10分）

7. 一场联欢会有100人参加，每个人在联欢会上都至少有1个朋友。这100个人中至少有多少人的朋友数目相同？（10分）

8. 在2022年出生的1000个孩子中，请你分析：
（1）至少有多少个孩子同月同日出生？（10分）

（2）至少有多少个孩子将来不单独过生日？（10分）

9. 从 1，2，3，…，12 这十二个数中任意取 7 个，其中两个数之差是 6 的至少有多少对？（10 分）

10. 任给 7 个不同的整数，求证：其中至少有 2 个整数，它们的和或差是 10 的倍数。（10 分）

11. 某幼儿园有 50 个小朋友，现在拿出 420 本连环画分给他们。求证：至少有 4 个小朋友分到的连环画一样多（每个小朋友都要分到连环画）。（10 分）

得分：_____

【考考自己】答案

1. 46 本。

把 45 名学生看作 45 个抽屉，把书看作放入抽屉的物体。根据抽屉原理，至少把 46 个物体放入 45 个抽屉，才能保证至少有一个抽屉中有 2 个物体，即老师至少要拿出 46 本书，才能保证至少有一名学生能得到 2 本书。

2. 7 个。

从三种玩具中选两件，所有的搭配情况如下：熊和熊、狗和狗、猴和猴、熊和狗、熊和猴、狗和猴，一共 6 种。每种搭配可以看作一个抽屉，这样有 6 个抽屉。根据抽屉原理，要保证至少有两个小朋友选择相同的一组玩具，就必须至少有 7 个小朋友。

3. 是。

把 82 件玩具看作同一物体，把 4 个班看作 4 个抽屉。对于一个抽屉而言，装的玩具是没有规律可循的，可能是 1 件、2 件、3 件……或者 20 多件不等；但就整体而言，如果每个抽屉里放入同样数量的玩具，那么每个抽屉里都有 20 件玩具，这样还多 2 件没有放入任何一个抽屉里。不管把这 2 件玩具放入其中的一个或两个抽屉，那么至少有一个抽屉里的玩具超过 20 件，即至少有一个班级会分到 21 件或 21 件以上的玩具。

4. 9 颗。

由题意可知，可以看作把四种颜色的玻璃球分别放入四个抽屉中，一次摸出的玻璃球中至少有 3 颗同一颜色，即有一个抽屉里至少放 3 颗。考虑最不理想的情况，先摸到每种颜色的弹子球各 2 颗，那么一共有 2×4＝8（颗），再摸 1 颗，它总是四种颜色中的一种，所以至少摸出 9 颗，才能保证其中至少有 3 颗是同色的。

5. 7 名。

方便起见，把三种报刊分别编号为 A、B、C，这样订阅报刊的情况就有 A、B、C、AB、AC、BC、ABC 这 7 种。根据抽屉原理，43÷7＝6……1，6＋1＝7，所以至少有 7 名学生订阅报刊的情况是相同的。

6. 91 次。

当摸出的两个小球的颜色相同时，可以有四种不同的结果；当摸出的两个小球的颜色不同时，可以有 6 种不同的结果。将上述 10 种不同的结果看作 10 个抽屉，因为要求 10 次摸出的结果相同，根据抽屉原理，至少要摸 $9 \times 10 + 1 = 91$（次）。

7. 2。

因为每个人至少有 1 个朋友，至多有 99 个朋友，将有 1 个朋友、2 个朋友、……、99 个朋友这 99 种情况看成 99 个抽屉，那么在这 100 个人中，至少有 2 个人属于同一类，他们的朋友个数相同。

8. （1）3；（2）636。

因为 2022 年有 365 天，$1000 \div 365 = 2 \cdots\cdots 270$，$2 + 1 = 3$，所以在 2022 年出生的 1000 个孩子中，至少有 3 个孩子同月同日出生；又因为 $1000 - (365 - 1) = 636$，所以至少有 636 个孩子将来不单独过生日。

9. 1。

将 1~12 这十二个数组成 {1, 7}，{2, 8}，{3, 9}，{4, 10}，{5, 11}，{6, 12} 这六对两数差为 6 的数组。任取 7 个数，那么至少会出现一个数组，这一对数的差为 6。

10. 证明：将整数的末位数字（0~9）分成 6 类：{0}，{5}，{1, 9}，{2, 8}，{3, 7}，{4, 6}，在所给的 7 个整数中，若存在两个数，其末位数字相同，则其差是 10 的倍数；若末位数字均不同，则它们中必有至少两个属于上述 6 类中的某一类，其和是 10 的倍数。

11. 证明：考虑最极端的情况，即 3 个小朋友分到 1 本，3 个小朋友分到 2 本，……，3 个小朋友分到 16 本，最后 2 个小朋友分到 17 本，那么一共至少需要 $3 \times (1 + 2 + 3 + \cdots + 16) + 2 \times 17 = 442$（本），而 $442 > 420$，所以 420 本不能满足这种分法。因此，至少有 4 个小朋友分到同样多的连环画。

第五讲　分数加减的巧算

一、提出问题

我们在计算异分母分数加减法时,一般都要先通分再相加减。可是,有一天老师给大家布置了下面这道复杂而繁琐的异分母分数加法题,该怎么做呢?

$$\frac{1}{2} + \frac{1}{6} + \frac{1}{12} + \frac{1}{20} + \frac{1}{30}$$

如果用通分来算,会非常麻烦且耗时。有没有巧妙的方法解决这个问题呢?

二、我先试试

你能想出巧妙的方法来计算下面这道题吗?

$$\frac{1}{12} + \frac{1}{20} + \frac{1}{30} + \frac{1}{42} + \frac{1}{56} + \frac{1}{72}$$

【分析与解答】

想一想:算式里每一个加数的分子和分母有什么共同点呢?

原来,它们的分子都是1,而分母12、20、30、42、56、72都是相邻两个自然数的乘积:$12 = 3 \times 4$,$20 = 4 \times 5$,$30 = 5 \times 6$,$42 = 6 \times 7$,$56 = 7 \times 8$,$72 = 8 \times 9$。我们可以利用拆分法,将这些加数拆分成两个分数相减的形式。

比如,$\frac{1}{12} = \frac{1}{3 \times 4} = \frac{1}{3} - \frac{1}{4}$,$\frac{1}{20} = \frac{1}{4 \times 5} = \frac{1}{4} - \frac{1}{5}$。

还有几个分数，你也来试试看吧！

$\frac{1}{30} = \frac{1}{(\ )} - \frac{1}{(\ )}$，$\frac{1}{42} = \frac{1}{(\ )} - \frac{1}{(\ )}$，

$\frac{1}{56} = \frac{1}{(\ )} - \frac{1}{(\ )}$，$\frac{1}{72} = \frac{1}{(\ )} - \frac{1}{(\ )}$。

所以，这一题利用拆分法就迎刃而解了！具体过程如下：

$\frac{1}{12} + \frac{1}{20} + \frac{1}{30} + \frac{1}{42} + \frac{1}{56} + \frac{1}{72}$

$= (\frac{1}{3} - \frac{1}{4}) + (\frac{1}{4} - \frac{1}{5}) + (\frac{1}{5} - \frac{1}{6}) + (\frac{1}{6} - \frac{1}{7}) + (\frac{1}{7} - \frac{1}{8}) + (\frac{1}{8} - \frac{1}{9})$

$= \frac{1}{3} - \cancel{\frac{1}{4}} + \cancel{\frac{1}{4}} - \cancel{\frac{1}{5}} + \cancel{\frac{1}{5}} - \cancel{\frac{1}{6}} + \cancel{\frac{1}{6}} - \cancel{\frac{1}{7}} + \cancel{\frac{1}{7}} - \cancel{\frac{1}{8}} + \cancel{\frac{1}{8}} - \frac{1}{9}$

$= \frac{1}{3} - \frac{1}{9}$

$= \frac{2}{9}$

学会了拆分法，有时就可以不通分，方便而又快捷地计算了。

我会解答啦！

请认真学习下面的内容，学会了它，相信当你再碰到类似的问题时，就会觉得非常轻松啦！

【例1】计算：$\frac{3}{4} + \frac{3}{16} + \frac{3}{64} + \frac{3}{256}$

【分析与解答】

这道题能不能也运用拆分法巧妙解决呢？算式中每一个加数的分子都是3，我们可以这样来拆分：

$\frac{3}{4} = \frac{1}{1} - \frac{1}{4}$，$\frac{3}{16} = \frac{1}{4} - \frac{1}{16}$，$\frac{3}{64} = \frac{1}{(\ )} - \frac{1}{(\ )}$，$\frac{3}{256} = \frac{1}{(\ )} - \frac{1}{(\ )}$。

45

于是,这一题就可以这样来算:

$$\frac{3}{4} + \frac{3}{16} + \frac{3}{64} + \frac{3}{256}$$
$$= \left(\frac{1}{1} - \frac{1}{4}\right) + \left(\frac{1}{4} - \frac{1}{16}\right) + \left(\frac{1}{16} - \frac{1}{64}\right) + \left(\frac{1}{64} - \frac{1}{256}\right)$$
$$= 1 - \frac{1}{4} + \frac{1}{4} - \frac{1}{16} + \frac{1}{16} - \frac{1}{64} + \frac{1}{64} - \frac{1}{256}$$
$$= 1 - \frac{1}{256}$$
$$= \frac{255}{256}$$

我来回头讲思路。

【例2】计算:$\frac{1}{2} + \frac{1}{4} + \frac{1}{8} + \frac{1}{16}$

【分析与解答】

异分母分数加减法,除了用拆分法可以方便计算以外,还有别的方法呢。比如这道题,我们可以将算式转化成图形来求解。

将一个正方形看作单位"1",分数 $\frac{1}{2}$ 就表示这个正方形的一半,分数 $\frac{1}{4}$ 就表示这个正方形的 $\frac{1}{4}$,以此类推(右图)。

那么,将这四个分数相加,就相当于用这块正方形减去图中空白部分,而图中空白部分的大小是 $\frac{1}{16}$,所以

$$\frac{1}{2} + \frac{1}{4} + \frac{1}{8} + \frac{1}{16}$$
$$= 1 - \frac{1}{16}$$
$$= \frac{15}{16}$$

我来回头讲思路。

【例3】计算：$\dfrac{567+345\times566}{567\times345+222}$

【分析与解答】

通过观察分子、分母，可以发现其中存在一些关联紧密的数，如566、567。我们可以把分母中的 567×345 变成 $(566+1)\times345$，从而把分子和分母进行一定的转化，使算式变得更加容易计算。

原式 $=\dfrac{567+345\times566}{(566+1)\times345+222}$

$=\dfrac{567+345\times566}{345\times566+345+222}$

$=\dfrac{567+345\times566}{345\times566+567}$

$=1$

我来回头讲思路。

【找出规律】

求解异分母分数加减法的问题，除了用拆分法帮助计算，还可以将算式转化成图形，数形结合解决问题。转化思想是一种很重要的数学思想方法，是解决很多数学问题的法宝。我们在平日的学习中一定要学会举一反三，灵活运用。

四、考考自己

1. 计算：$\dfrac{1}{1\times2}+\dfrac{1}{2\times3}+\dfrac{1}{3\times4}+\dfrac{1}{4\times5}+\dfrac{1}{5\times6}+\cdots+\dfrac{1}{9\times10}$（10分）

2. 计算：$\dfrac{2}{15}+\dfrac{2}{35}+\dfrac{2}{63}+\dfrac{2}{99}+\dfrac{2}{143}$（10分）

3. 计算：$1\dfrac{1}{12}+2\dfrac{1}{20}+3\dfrac{1}{30}+4\dfrac{1}{42}+5\dfrac{1}{56}+6\dfrac{1}{72}+7\dfrac{1}{90}+8\dfrac{1}{110}+9\dfrac{1}{132}$（10分）

4. 计算：$\dfrac{1}{2}+\dfrac{3}{4}+\dfrac{7}{8}+\dfrac{15}{16}+\dfrac{31}{32}+\dfrac{63}{64}$（10分）

5. 计算：$\dfrac{1}{3}+\dfrac{1}{6}+\dfrac{1}{10}+\dfrac{1}{15}+\dfrac{1}{21}+\dfrac{1}{28}+\dfrac{1}{36}+\dfrac{1}{45}$（10分）

6. 计算：$\dfrac{3}{2}-\dfrac{5}{6}+\dfrac{7}{12}-\dfrac{9}{20}+\dfrac{11}{30}-\dfrac{13}{42}$（10分）

7. 计算：$\dfrac{1}{2}+\dfrac{1}{4}+\dfrac{1}{8}+\dfrac{1}{31}+\dfrac{1}{62}+\dfrac{1}{124}+\dfrac{1}{248}+\dfrac{1}{496}$（10分）

8. 计算：$\left(\dfrac{1}{2}+\dfrac{1}{4}+\dfrac{1}{6}+\dfrac{1}{8}\right)-\left(\dfrac{1}{3}+\dfrac{1}{6}+\dfrac{1}{9}+\dfrac{1}{12}\right)+\left(\dfrac{1}{4}+\dfrac{1}{8}+\dfrac{1}{12}+\dfrac{1}{16}\right)-\left(\dfrac{1}{5}+\dfrac{1}{10}+\dfrac{1}{15}+\dfrac{1}{20}\right)$（10分）

9. 计算：$1\dfrac{1}{10}+4\dfrac{1}{40}+7\dfrac{1}{88}+10\dfrac{1}{154}+13\dfrac{1}{238}+16\dfrac{1}{340}$（10分）

10. 计算：$1+\dfrac{1}{1+2}+\dfrac{1}{1+2+3}+\cdots+\dfrac{1}{1+2+3+\cdots+1999}$（10分）

我来挑战！

11. 已知 $S = 1 \div \left(\dfrac{1}{33} + \dfrac{1}{34} + \dfrac{1}{35} + \dfrac{1}{36} + \dfrac{1}{37} + \dfrac{1}{38} + \dfrac{1}{39} + \dfrac{1}{40} \right)$，请你算出 S 的整数部分。（20分）

得分：_____

【考考自己】答案

1. $\dfrac{9}{10}$。

原式 $= 1 - \dfrac{1}{2} + \dfrac{1}{2} - \dfrac{1}{3} + \dfrac{1}{3} - \dfrac{1}{4} + \dfrac{1}{4} - \dfrac{1}{5} + \cdots + \dfrac{1}{8} - \dfrac{1}{9} + \dfrac{1}{9} - \dfrac{1}{10}$

$= 1 - \dfrac{1}{10}$

$= \dfrac{9}{10}$

2. $\dfrac{10}{39}$。

原式 $= \dfrac{1}{3} - \dfrac{1}{5} + \dfrac{1}{5} - \dfrac{1}{7} + \dfrac{1}{7} - \dfrac{1}{9} + \dfrac{1}{9} - \dfrac{1}{11} + \dfrac{1}{11} - \dfrac{1}{13}$

$= \dfrac{1}{3} - \dfrac{1}{13}$

$= \dfrac{10}{39}$

3. $45\dfrac{1}{4}$。

原式 $= (1 + 2 + 3 + \cdots + 9) + \left(\dfrac{1}{12} + \dfrac{1}{20} + \dfrac{1}{30} + \cdots + \dfrac{1}{132}\right)$

$= (1 + 9) \times 9 \div 2 + \left(\dfrac{1}{3} - \dfrac{1}{4} + \dfrac{1}{4} - \dfrac{1}{5} + \cdots + \dfrac{1}{11} - \dfrac{1}{12}\right)$

$= 45 + \dfrac{1}{4}$

$= 45\dfrac{1}{4}$

4. $5\dfrac{1}{64}$。

原式 $= \left(1 - \dfrac{1}{2}\right) + \left(1 - \dfrac{1}{4}\right) + \left(1 - \dfrac{1}{8}\right) + \left(1 - \dfrac{1}{16}\right) + \left(1 - \dfrac{1}{32}\right) + \left(1 - \dfrac{1}{64}\right)$

$= 6 - \left(\dfrac{1}{2} + \dfrac{1}{4} + \dfrac{1}{8} + \dfrac{1}{16} + \dfrac{1}{32} + \dfrac{1}{64}\right)$

$= 6 - \left(1 - \dfrac{1}{64}\right)$

$= 5\dfrac{1}{64}$

5. $\dfrac{4}{5}$。

原式 $= \dfrac{2}{2\times 3} + \dfrac{2}{3\times 4} + \dfrac{2}{4\times 5} + \cdots + \dfrac{2}{9\times 10}$

$= 2\times \left[\left(\dfrac{1}{2} - \dfrac{1}{3}\right) + \left(\dfrac{1}{3} - \dfrac{1}{4}\right) + \left(\dfrac{1}{4} - \dfrac{1}{5}\right) + \cdots + \left(\dfrac{1}{9} - \dfrac{1}{10}\right)\right]$

$= 2\times \left(\dfrac{1}{2} - \dfrac{1}{10}\right)$

$= \dfrac{4}{5}$

6. $\dfrac{6}{7}$。

原式 $= \dfrac{1+2}{1\times 2} - \dfrac{2+3}{2\times 3} + \dfrac{3+4}{3\times 4} - \dfrac{4+5}{4\times 5} + \dfrac{5+6}{5\times 6} - \dfrac{6+7}{6\times 7}$

$= \left(1 + \dfrac{1}{2}\right) - \left(\dfrac{1}{2} + \dfrac{1}{3}\right) + \left(\dfrac{1}{3} + \dfrac{1}{4}\right) - \left(\dfrac{1}{4} + \dfrac{1}{5}\right) + \left(\dfrac{1}{5} + \dfrac{1}{6}\right) - \left(\dfrac{1}{6} + \dfrac{1}{7}\right)$

$= 1 - \dfrac{1}{7}$

$= \dfrac{6}{7}$

7. $\dfrac{15}{16}$。

原式 $= \left(1 - \dfrac{1}{2}\right) + \left(\dfrac{1}{2} - \dfrac{1}{4}\right) + \left(\dfrac{1}{4} - \dfrac{1}{8}\right) + \dfrac{1}{31} + \left(\dfrac{1}{31} - \dfrac{1}{62}\right) + \left(\dfrac{1}{62} - \dfrac{1}{124}\right) +$

$\left(\dfrac{1}{124} - \dfrac{1}{248}\right) + \left(\dfrac{1}{248} - \dfrac{1}{496}\right)$

$= 1 - \dfrac{1}{8} + \dfrac{1}{31} + \dfrac{1}{31} - \dfrac{1}{496}$

$= \dfrac{7}{8} + \dfrac{1}{31} \times \left(2 - \dfrac{1}{16}\right)$

$= \dfrac{7}{8} + \dfrac{1}{31} \times \dfrac{31}{16}$

$= \dfrac{7}{8} + \dfrac{1}{16}$

$= \dfrac{15}{16}$

8. $\dfrac{65}{144}$。

原式 $= \dfrac{1}{2} \times \left(1 + \dfrac{1}{2} + \dfrac{1}{3} + \dfrac{1}{4}\right) - \dfrac{1}{3} \times \left(1 + \dfrac{1}{2} + \dfrac{1}{3} + \dfrac{1}{4}\right) + \dfrac{1}{4} \times \left(1 + \dfrac{1}{2} + \dfrac{1}{3} + \dfrac{1}{4}\right) - \dfrac{1}{5} \times \left(1 + \dfrac{1}{2} + \dfrac{1}{3} + \dfrac{1}{4}\right)$

$= \left(1 + \dfrac{1}{2} + \dfrac{1}{3} + \dfrac{1}{4}\right) \times \left(\dfrac{1}{2} - \dfrac{1}{3} + \dfrac{1}{4} - \dfrac{1}{5}\right)$

$= \dfrac{12 + 6 + 4 + 3}{12} \times \left(\dfrac{1}{6} + \dfrac{1}{20}\right)$

$= \dfrac{25}{12} \times \dfrac{13}{60}$

$= \dfrac{65}{144}$

9. $51\dfrac{3}{20}$。

原式 $= (1 + 4 + 7 + 10 + 13 + 16) + \left(\dfrac{1}{2 \times 5} + \dfrac{1}{5 \times 8} + \dfrac{1}{8 \times 11} + \dfrac{1}{11 \times 14} + \dfrac{1}{14 \times 17} + \dfrac{1}{17 \times 20}\right)$

$= \dfrac{(1 + 16) \times 6}{2} + \left(\dfrac{1}{2} - \dfrac{1}{5} + \dfrac{1}{5} - \dfrac{1}{8} + \cdots + \dfrac{1}{17} - \dfrac{1}{20}\right) \times \dfrac{1}{3}$

$= 51 + \left(\dfrac{1}{2} - \dfrac{1}{20}\right) \times \dfrac{1}{3}$

$= 51\dfrac{3}{20}$

10. $1\dfrac{999}{1000}$。

原式 $= \dfrac{2}{1 \times 2} + \dfrac{2}{2 \times 3} + \dfrac{2}{3 \times 4} + \cdots + \dfrac{2}{1999 \times 2000}$

$= 2 \times \left[\left(1 - \dfrac{1}{2}\right) + \left(\dfrac{1}{2} - \dfrac{1}{3}\right) + \left(\dfrac{1}{3} - \dfrac{1}{4}\right) + \cdots + \left(\dfrac{1}{1999} - \dfrac{1}{2000}\right)\right]$

$= 2 \times \left(1 - \dfrac{1}{2000}\right)$

$= 1\dfrac{999}{1000}$

11. 4。

设 $a = \frac{1}{33} + \frac{1}{34} + \frac{1}{35} + \frac{1}{36} + \frac{1}{37} + \frac{1}{38} + \frac{1}{39} + \frac{1}{40}$，则 $\frac{1}{40} \times 8 < a < \frac{1}{33} \times 8$，即 $\frac{1}{5} < a < \frac{8}{33}$。由于 $S = 1 \div a$，因此 $\frac{33}{8} < S < 5$，所以 S 的整数部分是 4。

第六讲 "羊吃草"问题

一、提出问题

燕燕家养了一只大山羊。这一天,她把山羊牵到一个正方形院子的墙外,准备把羊拴在外墙边,让山羊在草地上吃草。已知院子的墙每边长6米,绳长2米,院外的草地上长满了青草。燕燕刚刚学完圆面积的有关知识,她想道:把羊拴在外墙的不同位置,羊吃到草的面积有变化吗?

你能帮助燕燕解决这个问题吗?想一想,有几种不同的情况?

二、我先试试

同学们对"羊吃草"问题一定不陌生,先来看看下面这种情况。

燕燕把羊拴在外墙正中间(如右图,图中红点代表羊桩的位置)。这时,羊吃到草的面积是多少平方米?

这个问题一定难不倒你!先不要看答案,在下面的横线上列出算式:

_____

【分析与解答】

答案揭晓了!

因为羊吃到的草的区域是一个半圆,所以草的面积是

$$\pi \times 2^2 \div 2 = 6.28（平方米）。$$

我会解答啦!

三、思路点拨

【例1】燕燕家院子的墙每边长仍是6米,绳长仍是2米。

(1) 如果燕燕把山羊拴在正方形院墙的外墙角,那么羊吃到草的面积又是多少平方米呢?

(2) 如果把原来位于院墙正中间的羊桩向右挪动1米,情况又会如何呢?

【分析与解答】

(1) 羊吃到的草区域应该是一个270°的扇形(右图),也即吃到的草的面积正好等于整个圆面积的 $\frac{3}{4}$。

于是,羊吃到的草的面积是

$$\pi \times 2^2 \times \frac{3}{4} = 9.42（平方米）。$$

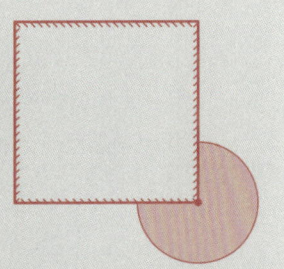

(2) 这时羊就能拐过墙角而吃到一部分草。于是羊吃到的草的区域分为两部分,一部分是半径为2米的扇形(半圆),另一部分是半径为1米的扇形(四分之一圆),如右图所示。

因此,羊吃到的草的面积是

$$\pi \times 2^2 \div 2 + \pi \times 1^2 \div 4 = 7.065（平方米）。$$

比较一下两种拴羊吃草的方法,显然第一种比第二种吃到的草的面积大。

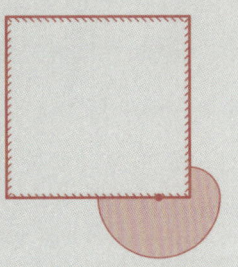

我来回头讲思路。

【例2】 已知正方形院墙的边长仍是6米。如果院墙四周是足够大的草地,羊仍然拴在一道院墙外的正中央,现在绳长增加到12米。这时,山羊可吃到的草的面积是多少平方米?

【分析与解答】

同学们,你看懂了吗?羊吃到的草的面积像不像一个大苹果的截面呢?怎么会是这样呢?其实,此时山羊的活动范围也即吃到的草的区域可以分为3个类型、5个部分。

① 1个半径为12米的半圆,即图中下方绿色阴影部分;

② 2个半径为9米的四分之一圆(这里的绳长被院墙"挡"去了3米),即图中左右黄色阴影部分;

③ 2个半径为3米的四分之一圆(这里的绳长被院墙"挡"去了9米),即图中上方红色阴影部分。

因此,山羊活动区域内的草地面积是:$\pi \times 12^2 \div 2 + \pi \times 9^2 \div 4 \times 2 + \pi \times 3^2 \div 4 \times 2 = 117\pi = 367.38$(平方米)。

当然,山羊想要吃到这么大面积的草,拴它的绳子一定不能发生缠绕现象才行。

我来回头讲思路。

【找出规律】

在一个没有任何障碍的地方，羊吃到的草的面积应该是一个圆的面积。一旦有了障碍物，羊吃到的草的面积就会缩小。当羊桩位于墙根时，羊吃到的草的面积变成不同大小的扇形面积之和；当羊桩位于不在墙根的任一位置时，问题就变得更复杂了，我们要到中学才能解决这样的问题。(如下图，红点表示羊桩位置，阴影部分即为羊吃到的草的区域）

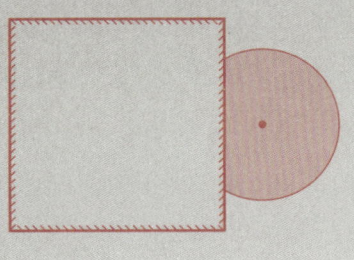

四、考考自己

1. 一面挂钟，分针长 50 厘米，时针长 40 厘米，分针转一圈，其尖端走过的轨迹长度是多少厘米？时针转一周扫过的面积是多少平方厘米？（10 分）

2. 把一个圆平均分成足够多等份后，能近似拼成一个周长为 20.7 分米的长方形。这个圆的面积是多少平方分米？（10 分）

3. 一个正方形的面积是20平方厘米，在这个正方形中所作的最大的圆的面积是多少平方厘米？（10分）

4. 如右图，射击运动的枪靶是由10个同心圆组成的，其中每相邻两个同心圆的半径的差等于中间最小圆的半径。每相邻两个圆之间围成一个圆环，从外向内依次叫做1环、2环、3环、……、8环、9环。最小圆里面的圆盘形区域，叫做10环。一枪射出去，打中的环数越高，说明枪法越好。

问：为什么打中10环最难？请计算说明。（10分）

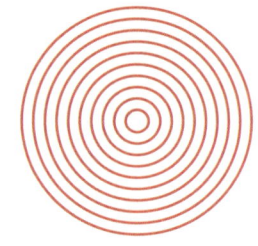

5. 如右图，圆内正方形的面积是多少平方厘米？（10分）

6厘米

6. 右图是一个等腰直角三角形，直角边长为 2 厘米。图中阴影部分的面积是多少平方厘米？（10 分）

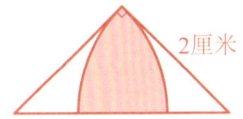

7. 以一个圆心角为 120° 的扇形的半径为边长，画一个正方形，画出的正方形的面积是 120 平方厘米。这个扇形的面积是多少平方厘米？（10 分）

8. 如右图，以 B、C 为圆心的两个半圆的直径都是 2 厘米。阴影部分的周长是多少厘米？（结果保留两位小数）（10 分）

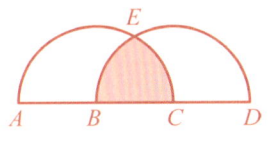

9. 三角形 ABC 是直角三角形，阴影部分①的面积比阴影部分②的面积小 28 平方厘米。已知 AB 长 40 厘米，那么 BC 长多少厘米？（10 分）

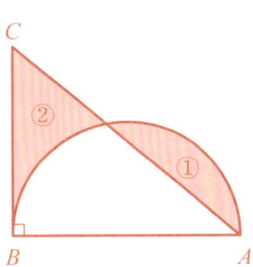

10. 草场上有一个长20米、宽10米的关闭着的长方形羊圈,在羊圈的一角点 O 处用长30米的绳子拴着一只羊。问:这只羊能够吃到的草的面积是多少平方米?(右图提示了羊能吃到草的范围)(10分)

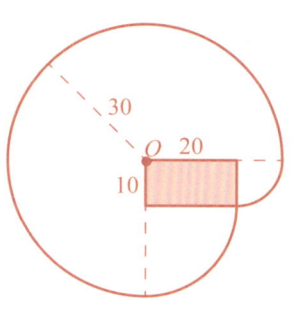

我来挑战!

11. 如右图,边长为1分米的正方形 ABCD 中,AC 与 BD 相交于 O,分别以 A、B、C、D 为圆心,以对角线(AC、BD)长的一半为半径画圆弧,与正方形的边相交。求图中阴影部分的面积。(20分)

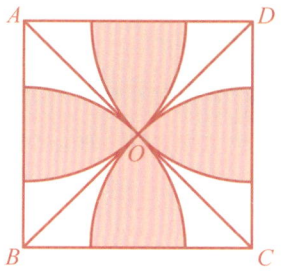

得分:_____

上篇　解题思路辅导

【考考自己】答案

1. 314厘米，5024平方厘米。

周长：$2 \times \pi \times 50 = 314$（厘米）；面积：$\pi \times 40 \times 40 = 5024$（平方厘米）。

2. 19.625平方分米。

设圆的半径是r厘米。列方程，得$r + r + 2\pi r = 20.7$，解得$r = 2.5$，所以圆的面积是$2.5 \times 2.5 \times \pi = 19.625$（平方分米）。

3. 15.7平方厘米。

正方形中所作的最大圆的直径等于正方形的边长，不妨设正方形的边长为a，则圆的半径为$\dfrac{a}{2}$，所以圆面积为$S_{圆} = \pi \times \left(\dfrac{a}{2}\right)^2 = \dfrac{\pi}{4} a^2$，又因为$S_{正} = a^2$，所以$S_{圆} = \dfrac{\pi}{4} \times S_{正} = 3.14 \div 4 \times 20 = 15.7$（平方厘米）。

4. 把10环的圆半径取成1个长度单位，那么1环的外圆半径是10，内圆半径是9。于是1环的区域面积 = $\pi \times 10^2 - \pi \times 9^2 = 19\pi$，10环的区域面积 = $\pi \times 1^2 = \pi$。这样，1环的面积 = 10环的面积 × 19，即1环面积是10环面积的19倍。由此可知，打中10环和打中1环相比，当然是打中1环的难度小多了。其他环数的区域面积也能用同样的办法求出，且都比10环的面积大，所以打中10环是最难的。

5. 18平方厘米。

由图示可知，正方形对角线的长是6厘米。正方形由两个面积相等的三角形构成，三角形的底为6厘米，高为3厘米，故正方形面积为$6 \times 3 \times \dfrac{1}{2} \times 2 = 18$（平方厘米）。

6. 1.14平方厘米。

由图示可知，图中阴影部分的面积为两个圆心角为45°的扇形面积减去直角三角形的面积，即$3.14 \times 2^2 \times \dfrac{45}{360} \times 2 - 2 \times 2 \times \dfrac{1}{2} = 1.14$（平方厘米）。

7. 125.6平方厘米。

由已知条件，圆的半径的平方为120，因此扇形面积为$3.14 \times 120 \times \dfrac{120}{360} = 125.6$（平方厘米）。

8. 3.09 厘米。

连接 BE、CE，则 BE = CE = BC = 1（厘米），故三角形 BCE 为等边三角形。于是 ∠EBC = ∠BCE = 60°。$\overset{\frown}{BE} = \overset{\frown}{CE} = 3.14 \times 2 \times \dfrac{60}{360} \approx 1.047$（厘米）。于是阴影部分的周长为 $1.047 \times 2 + 1 \approx 3.09$（厘米）。

9. 32.8 厘米。

从图中可以看出，阴影部分①加上空白部分的面积是半圆的面积，阴影部分②加上空白部分的面积是三角形 ABC 的面积。因为①的面积比②的面积小 28 平方厘米，所以半圆面积比三角形 ABC 的面积小 28 平方厘米。

半圆面积为 $3.14 \times \left(\dfrac{40}{2}\right)^2 \times \dfrac{1}{2} = 628$（平方厘米），于是三角形 ABC 的面积为 $628 + 28 = 656$（平方厘米）。BC 的长为 $656 \times 2 \div 40 = 32.8$（厘米）。

10. 2512 平方米。

如右图，羊吃到的草的面积可以分为 A、B、C 三部分，其中 A 是半径为 30 米的 $\dfrac{3}{4}$ 个圆，B、C 分别是半径为 20 米、10 米的 $\dfrac{1}{4}$ 个圆。

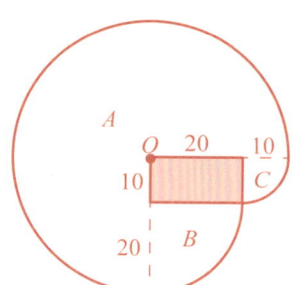

所以，羊吃到的草的面积是

$$\pi \times 30^2 \times \dfrac{3}{4} + \pi \times 20^2 \times \dfrac{1}{4} + \pi \times 10^2 \times \dfrac{1}{4}$$
$$= \pi \times \left(30^2 \times \dfrac{3}{4} + 20^2 \times \dfrac{1}{4} + 10^2 \times \dfrac{1}{4}\right)$$
$$= 3.14 \times (675 + 100 + 25)$$
$$= 2512 \text{（平方米）}$$

11. 0.57 平方分米。

半径 $r = AO$，$r^2 = 1 \times \dfrac{1}{2} = \dfrac{1}{2}$，阴影部分的面积 $= 4 \times \left(\dfrac{1}{4} \text{圆面积} - \dfrac{1}{4} \text{正方形面积}\right) = \pi r^2 - 1^2 = 0.57$（平方分米）。

第七讲 分数与百分数的应用

一、提出问题

明明看一本故事书,第一天看了28页,第二天看了全书的$\frac{1}{5}$,第三天看了剩余部分的25%,此时正好看了全书的一半。这本书一共有多少页?

分数与百分数是小学数学的重要组成部分,我们在现实生活中经常会遇到与分数、百分数有关的问题。学好这部分知识,会给我们理清数量关系、解决实际问题带来很多便利。

二、我先试试

某商店同时卖出两件商品,每件的定价都是60元,但其中一件赚20%,另一件亏20%。问:这个商店卖出这两件商品,是赚钱还是亏本?

【分析与解答】

其实,我们可以由"一件商品赚20%后是60元"推出这件商品的进价,应为60÷(1+20%)=50(元)。

同样,根据"一件商品亏20%后是60元"可以推出这件商品的进价,应为60÷(1−20%)=75(元)。

因为50+75−2×60=5(元),所以商店卖出这两件商品亏了5元。

我会解答啦!

【例1】如右图，三根木棒 A、B、C 的长度和是 360 厘米，将它们插在水池中，A 棒有 $\frac{3}{4}$ 露出水面，B 棒有 $\frac{4}{7}$ 露出水面，C 棒有 $\frac{2}{5}$ 露出水面。问：水池深多少厘米？

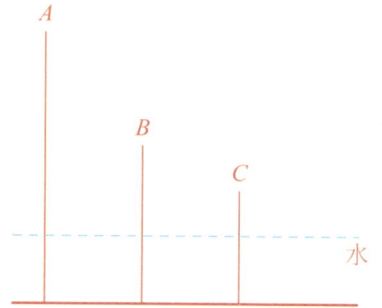

【分析与解答】

这道题跟上面的题目一样，刚开始读题时，你可能摸不着头脑。但是，通过反复读题我们就会发现，水池的深度是不变的。我们可以先借助这一标准来建立倍比关系，表示出 A、B、C 三根木棒的份数，然后与总长度发生关联，就能顺利解题了。

我们将池深看作单位"1"，那么 A 棒的长度为 $1 \div \left(1 - \frac{3}{4}\right) = 4$，B 棒的长度为 $1 \div \left(1 - \frac{4}{7}\right) = 2\frac{1}{3}$，C 棒的长度为 $1 \div \left(1 - \frac{2}{5}\right) = 1\frac{2}{3}$。

于是，可以算出水池深度是 $360 \div \left(4 + 2\frac{1}{3} + 1\frac{2}{3}\right) = 45$（厘米）。

我来回头讲思路。

【例2】一列火车从甲地开往乙地，如果将车速提高 20%，那么可以比原计划提前 1 小时到达；如果先以原速度行驶 240 千米，再将速度提高 25%，那么可以比原计划提前 40 分钟到达。求甲、乙两地之间的距离及火车原来的速度。

【分析与解答】

若将车速提高20%，则现在的车速与原来的车速之比为(1+20%)∶1=6∶5。现在行驶完全程的时间与原来行驶完全程的时间的比为速度的反比，即5∶6。由于以现在的车速行驶完全程可比原计划提前1小时到达，因此按原车速行驶完全程需6小时。

若将车速提高25%，则现在的车速与原来的车速之比为(1+25%)∶1=5∶4，故行驶相同的路程所用的时间之比为4∶5，即行驶相同的路程，现在所用的时间是原来所用时间的$\frac{4}{5}$。若从一开始就将车速提高25%，则行驶完全程，时间可缩短$6 \times \left(1 - \frac{4}{5}\right) = 1\frac{1}{5}$（时），而现在只提前40分钟到达，即$\frac{2}{3}$小时，少缩短$1\frac{1}{5} - \frac{2}{3} = \frac{8}{15}$（时），这是由前面的240千米是按原速行驶造成的。因此，若从一开始就将车速提高25%，行驶完240千米可以提前$\frac{8}{15}$小时。当速度一定时，行驶的路程与所用的时间成正比，同样，行驶的路程与提前的时间也成正比。

设甲、乙两地相距x千米，则有

$$\frac{x}{240} = \frac{\frac{6}{5}}{\frac{8}{15}}$$

$$\frac{8}{15}x = 240 \times \frac{6}{5}$$

$$x = 540$$

于是，原来的车速为540÷6=90（千米/时）。

答：甲、乙两地相距540千米，火车原来的速度为90千米/时。

我来回头讲思路。

【例3】甲、乙两个桶中装有糖水,甲桶有糖水60千克,含糖率为4%,乙桶有糖水40千克,含糖率为20%。问:互相交换多少千克糖水后,两桶糖水的含糖率相等?

【分析与解答】

要想解决这个问题,首先需要我们分清在上述过程中,什么变了,什么没有变,找到变化前后相等的量,是解决问题的关键。

由于两桶糖水互换的量是对等的,因此在交换前后,两桶中糖水的质量没有改变,而糖水的含糖率由原来的不等变化为相等。所以我们只需表示出两桶糖水的含糖率,问题就可以解决了。

解:设互相交换 x 千克糖水后,两桶糖水的含糖率相等。依题意,有

$$\frac{(60-x) \times 4\% + x \times 20\%}{60} = \frac{(40-x) \times 20\% + x \times 4\%}{40}$$

解方程,得 $8x = 192$,$x = 24$。

答:互相交换24千克糖水后,两桶糖水的含糖率相等。

我来回头讲思路。

【找出规律】

有关分数、百分数的问题看似复杂,但解题方法与基本的问题解决方法是类似的,将学过的有关分数、百分数的应用问题进行分类,搞清"分率(百分率)"的概念是解决这类问题的关键所在。

分数、百分数的应用问题一般有三类。第一类是"求一个数的几分之几(百分之几)是多少",用乘法;第二类是"求一个数是另一个数的几分之几或百分之几",用除法;第三类是"已知一个数的几分之几或百分之几是多少,求这个数",用除法。理清题目中的数量关系,分辨问题属于三类中的哪一类,是解决这类问题的突破口。

对于一些比较复杂的分数、百分数问题，我们还可以用列方程的方法来解答。列方程的关键是抓住题目中的等量关系，这是顺利解决问题的必要前提。

1. 有浓度为 3.2% 的食盐水 500 克，为了把它的浓度提高至 8%，需要蒸发掉多少克的水？（10分）

2. 六（1）班男生人数的一半和女生人数的 $\frac{1}{4}$ 共 16 人，女生人数的一半和男生人数的 $\frac{1}{4}$ 共 14 人。这个班男、女生各有多少人？（10分）

3. 甲、乙两人各有若干元钱，已知甲的钱数是乙的4倍，当甲花去$\frac{1}{3}$后，又花去余下的$\frac{1}{3}$，如果这时甲给乙7元钱，甲、乙两人的钱数正好相等。甲原来有多少元钱？（10分）

4. 有一根1米长的木条，第一次去掉它的$\frac{1}{5}$，第二次去掉余下木条的$\frac{1}{6}$，第三次去掉第二次余下木条的$\frac{1}{7}$……这样一直下去，最后一次去掉上次余下木条的$\frac{1}{10}$。问：这根木条最后还剩多少米？（10分）

5. 甲、乙二人分别从 A、B 两地同时出发，相向而行。甲从 A 地到 B 地需要5小时，乙从 B 地到 A 地，速度是甲的$\frac{5}{8}$。两人在途中相遇后继续前进。甲到 B 地后立即返回，乙到 A 地后也立即返回，他们在途中又一次相遇，两次相遇点相距72千米。问：A、B 两地相距多少千米？（10分）

6. 某区举行小学生秋季运动会，其中红星小学参加的人数占运动员总人数的 $\frac{1}{15}$，如果学校再多派 10 名运动员，那么参加人数占运动员总人数的 $\frac{2}{23}$。这次运动会原有运动员多少人？红星小学原来有多少人参加？（10 分）

7. 甲、乙、丙三人合作生产一批机器零件，甲生产的零件数量的一半与乙生产的零件数量的 $\frac{3}{5}$ 相等，又等于丙生产的零件数量的 $\frac{3}{4}$。已知乙比丙多生产 50 个零件，问：这批零件共有多少个？（10 分）

8. 有甲、乙、丙三个车间，工人总数少于 1000 人，其中女工人数恰好是男工人数的 43%，且甲车间比乙车间多 38 人，丙车间比甲车间多 70 人。三个车间一共有多少人？（10 分）

9. 某出版社出版某种图书。今年每册书的成本比去年增加10%，但是仍保持原售价，因此每本盈利下降了40%，而今年的销售册数比去年增加80%。今年销售这种书获得的总盈利比去年增加了百分之几？（10分）

10. 清泉学校四年级原有两个班，共72人。现在要重新编为三个班，将原一班学生中的$\frac{1}{3}$与原二班学生中的$\frac{1}{4}$组成新一班，将原一班学生中的$\frac{1}{4}$与原二班学生中的$\frac{1}{3}$组成新二班，余下的30人组成新三班。如果新一班的人数比新二班的人数多10%，那么原一班有多少人？（10分）

我来挑战!

11. 有两包糖,每包糖内都包含奶糖、水果糖和巧克力糖三种,且:

(1) 第一包的粒数是第二包粒数的 $\frac{2}{3}$;

(2) 第一包中奶糖占 25%,第二包中水果糖占 50%;

(3) 巧克力糖在第一包糖中所占的百分比是在第二包糖中所占百分比的两倍。

当两包糖合在一起时,巧克力糖占 28%。问:此时水果糖占两包糖总粒数的百分之几?(20 分)

得分:_____

【考考自己】答案

1. 300 克。

500 − 500 × 3.2% ÷ 8% = 300（克）。

2. 男生 24 人，女生 16 人。

这个班男、女生人数之和为 $(16+14) \div \left(\dfrac{1}{4}+\dfrac{1}{2}\right) = 40$（人），其中男生有 $(40-2\times 14) \div \dfrac{1}{2} = 24$（人），女生有 $40-24=16$（人）。

3. 72 元。

因为最后甲给乙 7 元两人钱数相等，所以此时甲比乙多 $(7+7)=14$（元）。将乙的钱数看作单位"1"，那么甲的钱数是 4，两次花费后剩余 $4\times\left(1-\dfrac{1}{3}\right)\times\left(1-\dfrac{1}{3}\right)$。于是可列式解决：

$(7+7) \div \left[4\times\left(1-\dfrac{1}{3}\right)\times\left(1-\dfrac{1}{3}\right)-1\right]\times 4 = 72$（元）。

4. $\dfrac{2}{5}$ 米。

$1\times\left(1-\dfrac{1}{5}\right)\times\left(1-\dfrac{1}{6}\right)\times\left(1-\dfrac{1}{7}\right)\times\left(1-\dfrac{1}{8}\right)\times\left(1-\dfrac{1}{9}\right)\times\left(1-\dfrac{1}{10}\right)=\dfrac{2}{5}$（米）。

5. 156 千米。

将 A、B 两地之间的距离看作单位"1"，则甲每小时行 $\dfrac{1}{5}$，乙每小时行 $\dfrac{1}{5}\times\dfrac{5}{8}=\dfrac{1}{8}$，第一次相遇时间是 $1\div\left(\dfrac{1}{5}+\dfrac{1}{8}\right)=\dfrac{40}{13}$（时）。此时甲行了全程的 $\dfrac{1}{5}\times\dfrac{40}{13}=\dfrac{8}{13}$，乙行了全程的 $1-\dfrac{8}{13}=\dfrac{5}{13}$。从第一次相遇到第二次相遇，两人合走了两个全程，甲走了全程的 $\dfrac{8}{13}\times 2=\dfrac{16}{13}$，此时甲离出发点的距离是全程的 $2-\dfrac{8}{13}-\dfrac{16}{13}=\dfrac{2}{13}$，故两次相遇点之间距离是全程的 $\dfrac{8}{13}-\dfrac{2}{13}=\dfrac{6}{13}$，全程的距离是 $72\div\dfrac{6}{13}=156$（千米）。

6. 450 人，30 人。

通过仔细观察与思考不难发现：在红星小学参加运动会人数变化前后，其他学校的人数没有发生变化，即原总人数的 $\frac{14}{15}$ 与现总人数的 $\frac{21}{23}$ 所对应的人数相等。认清这个问题，我们就找到了解决问题的突破口。

因为现总人数 $\times \left(1 - \frac{2}{23}\right) =$ 原总人数 $\times \left(1 - \frac{1}{15}\right)$，所以现总人数 = 原总人数 $\times \frac{46}{45}$。因此原有运动员的人数为 $10 \div \left(\frac{46}{45} - 1\right) = 450$（人），红星小学原参加人数为 $450 \times \frac{1}{15} = 30$（人）。

7. 750 个。

根据已知条件可知：因为甲生产的零件数量 $\times \frac{1}{2}$ = 乙生产的零件数量 $\times \frac{3}{5}$，所以甲生产的零件数量 = 乙生产的零件数量 $\times \frac{6}{5}$，即甲生产的零件数量是乙生产的零件数量的 $\frac{6}{5}$。

因为丙生产的零件数量 $\times \frac{3}{4}$ = 甲生产的零件数量 $\times \frac{1}{2}$，所以丙生产的零件数量 = 甲生产的零件数量 $\times \frac{2}{3}$，因此丙生产的零件数量是乙生产的零件数量的 $\frac{2}{3} \times \frac{6}{5} = \frac{4}{5}$。

因为乙比丙多生产了 50 个零件，所以乙生产的零件数量为 $50 \div \left(1 - \frac{4}{5}\right) = 250$（个），甲生产的零件数量为 $250 \times \frac{6}{5} = 300$（个），丙生产的零件数量为 $300 \times \frac{2}{3} = 200$（个）。

因此，这批零件共有 $300 + 250 + 200 = 750$（个）。

8. 572 人。

因为全厂总人数比乙车间人数的 3 倍还多 $38 + (38 + 70) = 146$ 人，又因为全厂人数是 $43 + 100 = 143$ 的倍数，所以总人数减去 146 是 3 的倍数，且是 143 的倍数。在小于 1000 的正整数中，仅 572 满足条件，故全厂共有 572 人。

9. 8%。

最简便列式如下：$(1+80\%)\times(1-40\%)-1=0.08=8\%$。如果不能领会，我们可借助假设法来理解。假设每册书的成本为4元，售价为5元，那么每册盈利1元，而现在成本为$4\times(1+10\%)=4.4$元，售价仍为5元，每册盈利0.6元，比原来每册盈利下降了40%。但今年售出的册数比去年增加80%，若去年售出100册，则今年售出$100\times(1+80\%)=180$（册）。原来盈利$1\times100=100$（元），现在盈利$0.6\times180=108$（元）。故今年销售这种书获得的总盈利比去年增加了$(108-100)\div100\times100\%=8\%$。

10. 48人。

新一班与新二班人数之和为$72-30=42$（人）。因为新一班的人数比新二班的人数多10%，从这句话可以得知：新一班和新二班人数之和是新二班人数的$[1+(1+10\%)]$。这样，新二班人数为$42\div[1+(1+10\%)]=20$（人），新一班人数为$20\times(1+10\%)=22$（人）。于是，用新一班人数与新二班人数之差去除$\left(\dfrac{1}{3}-\dfrac{1}{4}\right)$，就可算出原一班人数比原二班人数多的人数：$(22-20)\div\left(\dfrac{1}{3}-\dfrac{1}{4}\right)=24$（人）。所以，原一班人数为$(72+24)\div2=48$（人）。

11. 44%。

把第一包糖的粒数看作单位"1"，那么第二包糖的粒数是第一包糖的$\dfrac{3}{2}$。由于巧克力糖在第二包中所占百分比是在第一包糖中所占百分比的$\dfrac{1}{2}$，因此巧克力糖在第二包糖中的粒数是在第一包糖中粒数的$\dfrac{3}{2}\times\dfrac{1}{2}=\dfrac{3}{4}$。于是可以算出，巧克力糖在第一包糖中的粒数占两包糖总粒数的$28\%\div\left(1+\dfrac{3}{4}\right)=16\%$，巧克力糖在第一包糖中的粒数占第一包糖粒数的$16\%\times\left(1+\dfrac{3}{2}\right)=40\%$，这样第一包糖中水果糖占总粒数的$1-25\%-40\%=35\%$。于是，水果糖占两包糖总粒数的$\left(1\times35\%+\dfrac{3}{2}\times50\%\right)\div\left(1+\dfrac{3}{2}\right)=44\%$。

第八讲　在尝试中寻找突破口

一、提出问题

据传一次乾隆皇帝出行，在一家名叫"天然居"的饭店吃饭，他兴致盎然，提笔给饭店写了一联字：客上天然居，居然天上客。这联字上句倒过来正好构成下句，十分巧妙。在场无人能对出下联，唯独聪明的大臣纪晓岚想了出来，他的下联是：人过大佛寺，寺佛大过人。正读倒读都一样，意思也通顺。后来的文人把纪晓岚的下联作了修改：僧游云隐寺，寺隐云游僧。不仅句式工整，意境也更高了。

这种既能正读、又能倒读的文字，叫做回文。用回文写成的对联，叫做回文对联，又叫卷帘联，就像现在人们家中的百叶窗帘一样，既能从上往下顺放，又能从下往上倒卷。

和这样的文字谜一样，数字谜也很有趣。什么是数字谜呢？

数字谜是一种与数字有关的猜谜游戏。它通常是给出某个运算式子，但式子中或者含有一些用文字、字母、符号表示的特定数字，或者缺乏特定的运算符号，要求我们根据运算法则、数的性质（主要是和、差、积、商的位数，数的整除性、奇偶性、尾数规律等）进行正确的推理、判断，从而推断出谜底来。让我们从数字谜开始讲起，学会在不断的尝试中寻找解决问题的突破口。

二、我先试试

下面是用回文对联编成的一道算式谜题：

$$
\begin{array}{r}
客上天然居 \\
\times \qquad 4 \\
\hline
居然天上客
\end{array}
$$

在上面的乘法算式里，每个汉字代表一个数字，不同的汉字代表不同的数字。请你试一试，把这道算式还原出来，看看它是什么样子的。

【分析与解答】

猜出来？凑出来？恐怕在大多数情形下，这都是不可行的。只有通过不断分析、尝试，才能顺利解决问题。

我们不妨具体来看看。因为乘数 4 是偶数，所以乘积的末位数字"客"是偶数。

"客"又是乘数的首位数字，5 位的乘数乘 4，得到一个 5 位数，可见首位数字"客"小于 3，因而只能是 2，即"客"= 2。又因为"居"与 4 相乘的积个位是 2，"居"还是乘积的首位数字，因此可推得"居"= 8。

这样一来，可知千位没有向万位进位，所以乘数的千位数字"上"也小于 3。而根据题意，它又不能和万位一样等于 2，所以只能是 0 或 1。

再考虑十位相乘。积的十位上的数字"上"等于一个偶数加上从个位进来的 3，所以一定是奇数，因而得到"上"= 1。由此，可顺次推出"然"= 7，"天"= 9。这样就把五个数字全都求出来了。

正确答案是：

$$
\begin{array}{r}
2\,1\,9\,7\,8 \\
\times \qquad\quad 4 \\
\hline
8\,7\,9\,1\,2
\end{array}
$$

我会解答啦！

三、思路点拨

【例1】把 +、−、×、÷ 分别填入下面两个等式的 4 个 ○ 中,并在 □ 内填入适当的整数,使下面两个等式成立。

9 ○ 13 ○ 7 = 100   14 ○ 2 ○ 5 = □

【分析与解答】

先观察两个等式,9、13、7 都比 100 小得多,它们的和也比 100 小。由此看来,在第一个等式的两个"○"中要考虑填入一个"×",经试验,只有 9 + 13 × 7 = 100。于是第二个等式中要填入"÷""−",因为"□"中的数为整数,所以"÷"只能填入 14 与 2 之间的"○"内。

因此,正确填法是:9 + 13 × 7 = 100,14 ÷ 2 − 5 = 2。

我来回头讲思路。

【例2】把下面除法竖式中缺少的数字补上。

【分析与解答】

因为除数的个位是 7,商十位上的数与除数相乘的积的个位是 5,即 □7 × □ = □□5,所以根据 7 与一个整数相乘尾数的规律,商十位上的数肯定是 5。

因为商十位上的 5 与除数十位上的数相乘,所得的积加上个位进的 3,结果是两位数且不大于 19,所以除数十位上的数只能是 3。

因为商的个位上的数与除数相乘的积的个位是4，即 $37 \times \boxed{} = \boxed{}4$，所以根据7与一个整数相乘尾数的规律，商个位上的数只能是2。

其余的数可根据乘除法的关系顺次求出。

正确解答是：

$$\begin{array}{r} 52 \\ 37{\overline{\smash{\big)}\,1924}} \\ \underline{185} \\ 74 \\ \underline{74} \\ 0 \end{array}$$

我来回头讲思路。

【例3】油库里有6桶油，分别是汽油、柴油和机油，用秤称得每桶油分别重15千克、16千克、18千克、19千克、20千克、31千克，但不知道每个桶各装的是哪种油。已知柴油的总质量是机油的2倍，汽油只有1桶。问：6个桶内各是什么油？

【分析与解答】

因为柴油的总质量是机油的2倍，所以柴油与机油的质量之和一定是3的倍数。而6桶油（把汽油也包括进去）的总质量是 $15+16+18+19+20+31=119$（千克），$119 \div 3 = 39$（千克）……2（千克）。这就容易推出汽油的质量被3除余2。

于是，我们可以以此为突破口，找出哪一桶是汽油。在15、16、18、19、20、31中，除以3余2的只有20。所以汽油的质量是20千克。

剩下的5桶油一共重 $15+16+18+19+31=99$（千克），其中机油的质量是 $99 \div 3 = 33$（千克），柴油的质量是 $33 \times 2 = 66$（千克）。

在剩下的五个数 15、16、18、19、31 中，只有 15 + 18 = 33，所以重 15 千克、18 千克这两桶内装的是机油；最后剩下的三桶油是柴油。

我来回头讲思路。

【找出规律】

解数字谜时要选择有特征的部分作为突破口，一般要注意以下几点：（1）认真审题，看清数字谜中的文字、字母或其他符号所代表的含义；（2）要认真分析算式中所包含的数量关系，找出尽可能多的隐蔽条件；（3）必要时，应采取枚举和筛选相结合的方法（试验法），逐步淘汰那些不符合题意的答案；（4）要养成验算的好习惯。

在尝试中寻找突破口的方法，不仅可以用在解答数字谜上，也可以用在解决其他问题上。只要我们找到一点线索，也许就能撕开一个"口子"，顺藤摸瓜，最终成功解决问题。

四、考考自己

1. 将 1、2、3、4、5、6、7、8、9 这九个不同的数字分别填入 ○ 中，使下面的三个等式成立。（10 分）

○ + ○ = ○　　　　○ − ○ = ○　　　　○ × ○ = ○

2. 下面竖式中的每个汉字各代表一个数字，不同的汉字代表不同的数字。你能推算出每个汉字分别代表哪个数字吗？（10分）

$$\begin{array}{r} 读书使人明智 \\ \times \qquad\qquad 智 \\ \hline 好好好好好好 \end{array}$$

3. 算式解谜。（10分）

（1）
$$\begin{array}{r} 爱数学 \\ \times \quad\ 我 \\ \hline 1\ 6\ 7\ 3 \end{array}$$

（2）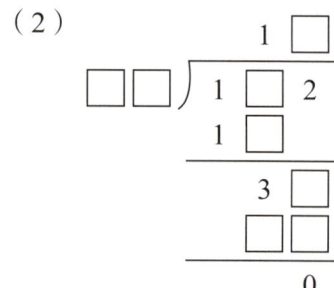

4. 根据下面竖式中给出的数，在各个 ☐ 内填上合适的数字，使这个多位数乘法竖式完整。问：乘积是多少？（10分）

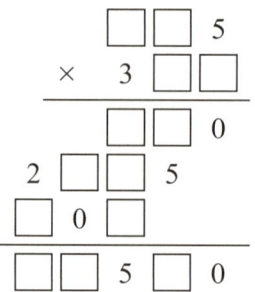

5. 在下面除法竖式的方框内填上合适的数字，使竖式成立。（10分）

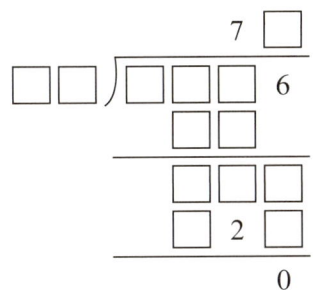

6. 在下面的 △、○ 和 □ 中分别填入不同的自然数，使等式成立。（△ < ○ < □）（10分）

$$\frac{1}{\triangle} + \frac{1}{\bigcirc} + \frac{1}{\square} + \frac{1}{18} = 1$$

7. 在 1，2，3，4，5，…，59，60 这60个数中，第一次从左向右划去第奇数个位置上的数（如1，3，5，7…）；第二次，在剩下的数中，再从左向右划去第奇数个位置上的数（如2，6，10…）。如此继续下去，最后剩下一个数，这个数是多少？（10分）

8. 把写有1, 2, 3,…, 25的25张卡片按顺序叠齐, 写有1的卡片放在最上面, 下面进行这样的操作: 把第一张卡片放到最下面, 把第二张卡片扔掉; 再把第一张卡片放到最下面, 把第二张卡片扔掉……按同样的方法反复进行多次操作, 当剩下最后一张卡片时, 卡片上的数是多少?(10分)

9. 一副扑克牌共54张, 最上面的一张是红桃K。如果每次把最上面的4张牌移到最下面而不改变它们的顺序及朝向, 那么至少经过多少次移动, 红桃K才会再次出现在最上面?(10分)

10. 从7开始, 将7的倍数依次写下去, 一直写到994, 它们构成了一个很大的数: 71421……987994。这个数有多少位?(10分)

我来挑战！

11. 甲盒中放有 1993 个白球和 1994 个黑球，乙盒中放有足够多的黑球。现在每次闭上眼睛，从甲盒中任取两球放在外面，当被取出的两球同色时，便从乙盒中取出一个黑球放入甲盒；当被取出的两球异色时，便将其中的白球放回甲盒。这样经过 3985 次取、放之后，甲盒中剩下几个球？各是什么颜色的球？（20 分）

得分：_____

【考考自己】答案

1. $5+4=9$；$8-1=7$；$2\times 3=6$。（加法、减法算式不唯一）

2. 由于个位上"智"×"智"所得的积的个位不再是"智"，而是另外一个数字，所以"智"的取值范围是2、3、4、7、8、9。（若取1、5、6，则$1\times 1=1$，$5\times 5=25$，$6\times 6=36$，积的个位不变，与题意不符）由于"智"的取值较多，因此我们只能采取逐一试验的方法来分析。

（1）若"智"取2，则"好"代表4，用逆运算的方法来求第一个乘数是$444444\div 2=222222$，这样，"读""书""使""人""明""智"六个汉字均代表数字2，与题意不符。

（2）若"智"取3，则"好"代表9，因为$999999\div 3=333333$，所以结果也与题意不符（道理同上）。

（3）若"智"取4，则"好"代表6，因为666666不能被4整除，所以"智"取4也不符题意。

（4）若"智"取7，则"好"代表9，用逆运算的方法来求第一个乘数是$999999\div 7=142857$，所以"读"代表1、"书"代表4、"使"代表2、"人"代表8、"明"代表5、"智"代表7。

（5）若"智"取8，则"好"代表4，用逆运算的方法来求出的第一个乘数不是六位数。同理，若"智"取9，情况也是如此，同样不符合题意。

所以，要使算式成立，"读"代表1、"书"代表4、"使"代表2、"人"代表8、"明"代表5、"智"代表7。即

$$\begin{array}{r} 142857 \\ \times\qquad 7 \\ \hline 999999 \end{array}$$

3.（1）
$$\begin{array}{r} 239 \\ \times\quad 7 \\ \hline 1673 \end{array}$$

（2）
$$\begin{array}{r} 1\boxed{2} \\ 1\boxed{6}\overline{)192} \\ 16 \\ \hline 3\boxed{2} \\ 3\boxed{2} \\ \hline 0 \end{array}$$

第(1)小题可以从积的个位开始想:因为积的个位是3,所以可能是7和9的乘积,也可能是1和3的乘积。经过尝试,发现除数是7,1673除以7得239,没有余数,即答案。

第(2)小题可以从下往上推理。由最后一次试商后所乘得数是32,可以推断除数是16,再由此推理商是12。

4. 92590。

将第一个乘数记作 $\overline{ab5}$,将第二个乘数记作 $\overline{3cd}$。首先,考虑 $\overline{ab5}$ 的百位数字 a,由 $\overline{ab5} \times 3$ 是十位数字为0的三位数,可知 $a \leqslant 3$。若 $a = 3$,由 $\overline{ab5} \times 3$ 的十位数字为0,可知 $b = 3$,此时 $\overline{ab5} \times 3 = 1005$ 不是三位数,所以 $a \neq 3$;若 $a = 1$,则 $\overline{ab5} \times \boxed{} < 200 \times 9 = 1800$,不会是千位为2的四位数,所以 $a \neq 1$。因此 $a = 2$,$\overline{ab5} = 235$。其次,可以推知 $\overline{3cd}$ 的十位数字 $c = 9$,进而推知 $d = 4$。这样,这个竖式乘法整体如下图所示:

$$\begin{array}{r} 235 \\ \times\ 394 \\ \hline 940 \\ 2115 \\ 705 \\ \hline 92590 \end{array}$$

由此可知,乘法算式为 $235 \times 394 = 92590$。

5.

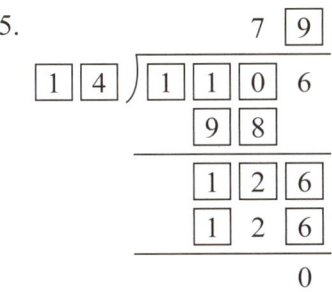

观察竖式可知,商的十位上的7与除数相乘,积是一个两位数,说明除数一定是 1□(一定是十几),且除数的个位数字不超过4;而商的个位与除数相乘,积是三位数 □2□,说明积一定是 12□,又因为没有余数,所以积是126。由此可以推断,除数是14,商是79。

6. ○ = 2, □ = 3, △ = 9。

因为 $1 - \frac{1}{18} = \frac{17}{18}$，所以可以推断三个自然数中必定有一个是 2（如果均是 3 或 3 以上的自然数，那么它们的和最大是 $\frac{1}{3} + \frac{1}{4} + \frac{1}{5} = \frac{47}{60} < \frac{17}{18}$）。找到这个突破口之后，另外两个自然数就不难找了。因为 $\frac{17}{18} - \frac{1}{2} = \frac{4}{9}$，$\frac{4}{9} = \frac{1}{3} + \frac{1}{9}$，所以 △ = 2，○ = 3，□ = 9。

7. 32。

第一次操作后，剩下 2，4，6，…，60 这 30 个偶数；第二次操作后，剩下 4，8，12，…，60 这 15 个数（都是 4 的倍数）；第三次操作后，剩下 8，16，24，…，56 这 7 个数（都是 8 的倍数）；第四次操作后，剩下 16，32，48 这 3 个数（都是 16 的倍数）；第五次操作后，剩下一个数，是 32。

8. 19。

第一轮操作，保留 1，3，5，…，25 共 13 张卡片；第二轮操作，保留 3，7，11，15，19，23 这 6 张卡片；第三轮操作，保留 3，11，19 这 3 张卡片；接着扔掉 11，3；最后剩下的一张卡片是 19。

9. 27 次。

因为 54 和 4 的最小公倍数是 108，所以移动 108 张牌，又回到原来的状态。又因为每次移动 4 张牌，所以至少要移动 108÷4 = 27（次）。

10. 411。

因为 9÷7 = 1……2，所以一位数中能被 7 整除的数有 1 个；因为 99÷7 = 14……1，所以两位数中能被 7 整除的数有 14 − 1 = 13（个）；因为 999÷7 = 142……5，所以三位数中能被 7 整除的数有 142 − 13 − 1 = 128（个）。因此，这个数的位数为 1 + 13×2 + 128×3 = 411。

11. 2 个球，1 黑 1 白。

由操作规则可知，每次操作后，甲盒中球数减少 1 个，因此经过 3985 次操作后，甲盒中剩下 1993 + 1994 − 3985 = 2 个球。每次操作白球数要么不变，要么减少 2 个。因此，每次操作后甲盒中白球数的奇偶性不变，即白球数为奇数。因此最后剩下的 2 个球中，必定是 1 个白球，1 个黑球。

第九讲　估值问题

在日常生活、科学研究及工程建设中，我们往往会遇到许多复杂的计算问题。许多情况下，我们没有必要也不可能算出绝对精确的结果，估算出一个相对精确或符合要求的值就可以了。即使是这样，估算仍不是一件很容易的事。所以，我们应该学一点估算的技巧。

二、我先试试

已知 $A = 12345678910111213 \div 31211101987654321$，你能求出 A 的小数点后前 3 位数字吗？

【分析与解答】

上面的问题可以采用取近似值的办法求解。我们可以将被除数、除数同时舍去后面 13 位，各保留前 4 位，则有 $1234 \div 3121 = 0.395386\cdots \approx 0.395$。

当然，我们还可以采用"放缩法"估计范围来帮助思考。

可以这样想：先用被除数的前四位除以比除数前四位稍大的四位数，可以断定：$A > 1234 \div 3122 = 0.3952\cdots$；再用比被除数前四位稍大的四位数除以除数的前四位，可以断定：$A < 1235 \div 3121 = 0.3957\cdots$。

所以 $0.3952 < A < 0.3957$，即 A 的小数点后前 3 位数是 395。

我会解答啦！

三、思路点拨

【例1】把 $\frac{579}{580}$、$\frac{42}{43}$、$\frac{1427}{1428}$ 按从小到大的顺序排列,应为_____。

【分析与解答】

因为 $\frac{579}{580}=1-\frac{1}{580}$,$\frac{42}{43}=1-\frac{1}{43}$,$\frac{1427}{1428}=1-\frac{1}{1428}$,而 $\frac{1}{43}>\frac{1}{580}>\frac{1}{1428}$,所以 $1-\frac{1}{43}<1-\frac{1}{580}<1-\frac{1}{1428}$,即从小到大排列起来是 $\frac{42}{43}<\frac{579}{580}<\frac{1427}{1428}$。

我来回头讲思路。

【例2】老师在黑板上写了 13 个自然数,让小明计算它们的平均数(得数保留两位小数)。小明算出的答案是 12.43,老师说:"最后一位数字错了,其他数字都对。"那么,正确的答案是什么呢?

【分析与解答】

根据老师说的话和小明算出的答案,我们可以估计:正确的答案在 12.40 与 12.50 之间,进一步估计出原来 13 个数的总和在哪一个数之间,就能推断这 13 个自然数的总和及平均数。

因为 13×12.40 = 161.2,13×12.49 = 162.37,所以可以断定 13 个自然数的和在这两个乘积之间。由于 13 个数都是自然数,因此它们的总和一定是 162,它们的平均数就是 162÷13 ≈ 12.46。

我来回头讲思路。

【例3】在算式 $\frac{(\ )}{3}+\frac{(\ )}{5}+\frac{(\ )}{7}\approx 1.16$ 中，三个括号里都是正整数。那么，这三个正整数从左到右依次是＿＿＿＿＿＿。

【分析与解答】

因为 $\frac{1}{3}\approx 0.333$，$\frac{1}{5}=0.2$，$\frac{1}{7}\approx 0.143$，所以 $\frac{1}{3}+\frac{1}{5}+\frac{1}{7}\approx 0.676$，$2\times\left(\frac{1}{3}+\frac{1}{5}+\frac{1}{7}\right)\approx 1.352$。

又因为 $0.676<1.16<1.352$，所以 $\frac{(\ )}{3}+\frac{(\ )}{5}+\frac{(\ )}{7}$ 中必定包含 1 个 $\frac{1}{3}+\frac{1}{5}+\frac{1}{7}$。

$1.16-0.676=0.484$，而 $\frac{1}{3}+\frac{1}{5}>0.484$，$\frac{1}{5}+\frac{1}{7}<0.484<2\times\left(\frac{1}{5}+\frac{1}{7}\right)$，$\frac{1}{3}+\frac{1}{7}<0.484<2\times\left(\frac{1}{3}+\frac{1}{7}\right)$，所以 0.484 中至少包含 1 个 $\frac{1}{5}+\frac{1}{7}$ 或 1 个 $\frac{1}{3}+\frac{1}{7}$。

$0.484-\left(\frac{1}{5}+\frac{1}{7}\right)\approx 0.484-0.343=0.141\approx\frac{1}{7}$，符合要求；而 $0.484-\left(\frac{1}{3}+\frac{1}{7}\right)\approx 0.484-0.476=0.008$，0.008 远远小于 $\frac{1}{3}$、$\frac{1}{5}$ 和 $\frac{1}{7}$ 中的任何一个，应舍去。

我们采用比较大小、逐步缩小范围的方法，求出了三个括号里的数。即：

$\frac{(\ )}{3}+\frac{(\ )}{5}+\frac{(\ )}{7}$ 由 $\frac{1}{3}+\frac{1}{5}+\frac{1}{7}$、$\frac{1}{5}+\frac{1}{7}$ 和 $\frac{1}{7}$ 组成，从而括号中的三个正整数依次为 1、2、3。

我来回头讲思路。

【找出规律】

估算最常用的技巧是"放缩法",即先对若干个数或算式进行适当的"放大"或"缩小",确定它的取值范围,再根据其他条件得出结果。

什么是"适当"呢?应是放大或缩小的幅度既不能太小,也不能太大。太小算起来麻烦;而太大则会导致所得到的取值范围不够准确,所得近似值也不能达到题目要求的精确度。如果"放缩"的幅度不太容易把握,那就可以先按较大的幅度去试,发现太大时,再把幅度调整得小一些,重新估算一次到两次,这样逐渐达到目的。

调整"放缩"幅度的办法一般有两种:一种是分组(分段),并尽可能使每组所对应的标准相同;另一种是按近似数乘除法计算法则,比要求的精确度多保留一位进行计算。

四、考考自己

1. 求 $\frac{1}{3}+\frac{1}{4}+\frac{1}{5}+\frac{1}{6}+\frac{1}{7}$ 的整数部分。(10分)

2. 求 $\frac{9}{10}+\frac{99}{100}+\frac{999}{1000}+\cdots+\frac{9999999999}{10000000000}$ 的整数部分。(10分)

3. $A = \dfrac{19}{97} + \dfrac{19}{97} \times 2 + \dfrac{19}{97} \times 3 + \cdots + \dfrac{19}{97} \times 10$，与 A 最接近的整数是多少？（10分）

4. 在方框里填上两个相邻的整数，使式子成立。（10分）

$$\Box < 1 + \dfrac{1}{2} + \dfrac{1}{3} + \dfrac{1}{4} + \dfrac{1}{5} + \dfrac{1}{6} + \dfrac{1}{7} + \dfrac{1}{8} + \dfrac{1}{9} + \dfrac{1}{10} < \Box$$

5. 有若干个小朋友，他们的年龄各不相同。将他们的年龄分别填入下式的 $\Box$ 中，都能使式子成立。这些小朋友最多有多少人？（10分）

$$\dfrac{1}{2} < \dfrac{5}{\Box} < \dfrac{3}{4}$$

6. 有 24 个偶数，它们的平均数保留一位小数后是 15.9，那么平均数保留两位小数后是多少？（10 分）

7. 1995003 最多可以拆成多少个不同的自然数之和？（10 分）

8. 有 30 个数，它们是：1.64，$1.64+\dfrac{1}{30}$，$1.64+\dfrac{2}{30}$，$1.64+\dfrac{3}{30}$，$1.64+\dfrac{4}{30}$，…，$1.64+\dfrac{28}{30}$，$1.64+\dfrac{29}{30}$。如果取每个数的整数部分$\left(\text{例如，}1.64\text{ 的整数部分是 }1\text{，}1.64+\dfrac{29}{30}\text{的整数部分是 }2\right)$，并将这些整数部分相加，那么和是多少？（10 分）

9. 有一列数,第一个数是105,第二个数是85,从第三个数开始,每个数都是它前面两个数的平均数。那么第19个数的整数部分是多少?(10分)

10. 在 $1, \frac{1}{2}, \frac{1}{3}, \cdots, \frac{1}{99}, \frac{1}{100}$ 中选出若干个数,使得它们的和大于3,至少要选多少个数?(10分)

11. 有一根长3米的绳子,第一次把这根绳子三等分后去掉中间一段,第二次把剩下的两段绳子都三等分后各去掉中间一段,第三次再把剩下的每一段都三等分后各去掉中间一段。继续这一过程,那么至少连续操作多少次后,才能使剩下的所有绳子的长度之和小于0.4米?(20分)

得分:＿＿＿＿＿

【考考自己】答案

1. 1。

我们先用放缩法来求解。设 $\frac{1}{3}+\frac{1}{4}+\frac{1}{5}+\frac{1}{6}+\frac{1}{7}=S$，则 $S<\frac{1}{3}\times 5=1\frac{2}{3}$，且 $S>\frac{1}{7}\times 5=\frac{5}{7}$。但是这样我们并不能确定 S 的整数部分是 0 还是 1。现在我们把放缩的幅度调小一些：$S=\frac{1}{5}+\left(\frac{1}{3}+\frac{1}{7}\right)+\left(\frac{1}{4}+\frac{1}{6}\right)=\frac{1}{5}+\frac{10}{21}+\frac{10}{24}>\frac{1}{5}+\frac{10}{25}+\frac{10}{25}=1$，结合第一次的放缩结果，可得 $1<S<1\frac{2}{3}$，于是 S 的整数部分是 1。

2. 9。

因为原式 $>\underbrace{\frac{9}{10}+\frac{9}{10}+\cdots+\frac{9}{10}}_{10\text{个}\frac{9}{10}}=9$，且原式 $<\underbrace{1+1+\cdots+1}_{10\text{个}1}=10$，

所以原式的整数部分是 9。

3. 11。

$A=\frac{19}{97}\times(1+2+\cdots+10)=10\frac{75}{97}$，因此与 A 最接近的整数是 11。

4. 2，3。

因为 $1+\frac{1}{2}+\frac{1}{3}+\frac{1}{6}=2$，所以 $1+\frac{1}{2}+\frac{1}{3}+\frac{1}{6}+\left(\frac{1}{4}+\frac{1}{8}\right)+\left(\frac{1}{5}+\frac{1}{10}\right)+\frac{1}{7}+\frac{1}{9}=2+\frac{3}{8}+\frac{3}{10}+\frac{1}{7}+\frac{1}{9}$。因为 $\frac{1}{7}<\frac{1}{5}$，$\frac{1}{9}<\frac{1}{8}$，所以原式 $<2+\frac{3}{8}+\frac{3}{10}+\frac{1}{5}+\frac{1}{8}$。而 $2+\frac{3}{8}+\frac{3}{10}+\frac{1}{5}+\frac{1}{8}$ 正好等于 3，所以 $2<1+\frac{1}{2}+\frac{1}{3}+\frac{1}{4}+\frac{1}{5}+\frac{1}{6}+\frac{1}{7}+\frac{1}{8}+\frac{1}{9}+\frac{1}{10}<3$。

5. 3。

因为 $\frac{1}{2}<\frac{5}{\square}<\frac{3}{4}$，所以可使它们的分子相同，得到 $\frac{15}{30}<\frac{15}{3\times\square}<\frac{15}{20}$，进而 $20<3\times\square<30$，即 $6\frac{2}{3}<\square<10$，$\square$ 中可以填入 7，8，9。也就是说，这

些小朋友最多有 3 人，他们分别为 7 岁、8 岁、9 岁。

6. 15.92。

设这 24 个偶数之和为 S。由 $S \geq 15.85 \times 24 = 380.4$ 和 $S < 15.95 \times 24 = 382.8$，以及 S 是偶数，推知 $S = 382$，因此平均数保留两位小数后是 $382 \div 24 \approx 15.92$。

7. 1997。

若要拆成的不同自然数尽量多，则应当从最小的自然数 1 开始，即：$1 + 2 + 3 + \cdots + n = \dfrac{n(n+1)}{2} \leq 1995003$。所以 $n(n+1) \leq 3990006$。当 $n = 1997$ 时，正好有 $n(n+1) \leq 3990006$，所以最多可以拆成 1997 个不同的自然数之和。

8. 49。

我们分两部分来相加。一部分是每个数的整数部分不超过 2 的，共有 11 组，它们是：$1.64 + \left(1.64 + \dfrac{1}{30}\right) + \left(1.64 + \dfrac{2}{30}\right) + \left(1.64 + \dfrac{3}{30}\right) + \left(1.64 + \dfrac{4}{30}\right) + \cdots + \left(1.64 + \dfrac{9}{30}\right) + \left(1.64 + \dfrac{10}{30}\right)$，取整后得 11。另一部分是每个数的整数部分超过 2 的，共有 19 组，它们是：$\left(1.64 + \dfrac{11}{30}\right) + \left(1.64 + \dfrac{12}{30}\right) + \cdots + \left(1.64 + \dfrac{28}{30}\right) + \left(1.64 + \dfrac{29}{30}\right)$，取整后得 $19 \times 2 = 38$。这样，它们的和是 $11 + 38 = 49$。

9. 91。

根据题目条件，这列数依次是 105，85，95，90，92.5，91.25，91.875，…。显然，从第 6 项起，后面每个数的整数部分都是 91，所以第 19 个数的整数部分是 91。

10. 11 个。

若要使所选的数尽量少，则所选用的数应尽量大，所以应从开头依次选。因为 $1 + \dfrac{1}{2} + \dfrac{1}{3} + \dfrac{1}{4} + \dfrac{1}{5} + \dfrac{1}{6} = 2 + \dfrac{1}{4} + \dfrac{1}{5} = 2.45 < 3$，而 $\dfrac{1}{7} \approx 0.143$，$\dfrac{1}{8} = 0.125$，$\dfrac{1}{9} = 0.\dot{1} \approx 0.111$，$\dfrac{1}{10} = 0.1$，所以

$$\dfrac{1}{7} + \dfrac{1}{8} + \dfrac{1}{9} + \dfrac{1}{10} \approx 0.479,$$

从而有

$$1 + \frac{1}{2} + \frac{1}{3} + \frac{1}{4} + \frac{1}{5} + \frac{1}{6} + \frac{1}{7} + \frac{1}{8} + \frac{1}{9} + \frac{1}{10} \approx 2.929 < 3,$$

而 $\frac{1}{11} = 0.0\dot{9} \approx 0.091$, 从而有

$$1 + \frac{1}{2} + \frac{1}{3} + \frac{1}{4} + \frac{1}{5} + \frac{1}{6} + \frac{1}{7} + \frac{1}{8} + \frac{1}{9} + \frac{1}{10} + \frac{1}{11} \approx 2.929 + 0.091 = 3.02 > 3。$$

所以，至少应选 11 个数。

11. 5 次。

这一过程每进行一次，剩余所有绳子长度之和等于原来的 $\frac{2}{3}$。

因为 $3 \times \frac{2}{3} \times \frac{2}{3} \times \frac{2}{3} \times \frac{2}{3} = \frac{16}{27} > 0.4$，$3 \times \frac{2}{3} \times \frac{2}{3} \times \frac{2}{3} \times \frac{2}{3} \times \frac{2}{3} = \frac{32}{81} < 0.4$，所以至少连续操作 5 次。

第十讲　游戏中的对策问题

一、提出问题

在游戏和竞赛活动中，为了获得胜利，聪明人往往采取有效的应对策略。比如，有一个拿苹果的智力游戏，规则是这样的——

一筐苹果共有53个，甲、乙两人轮流从中拿走1个或2个苹果，规定谁拿走最后一个苹果，谁获胜。想一想，这个游戏有必胜的策略吗？为了获胜，应该先拿还是后拿呢？哪几个？

相信同学们已经知道了必胜的策略，因为它与我们玩过的"抢30"游戏有类似之处。若想要取胜，必须先拿到第53个苹果才行。向前倒推，就要先拿第50个、第47个、第44个、……、第5个、第2个。所以，这个游戏取胜的策略是：必须先拿，而且先拿2个苹果才行。

只要认真分析，仔细推敲，相信你能发现更多游戏中的奥秘！

二、我先试试

两个箱子中分别装有74个、122个球。甲、乙两人轮流在任一箱中任意取球，规定取得最后一个球的人获胜。甲先取，他如何取才能获胜？

【分析与解答】

这个游戏初看与"抢30"游戏类似，但具体策略是不同的，因为二人可以从任一箱中任意取球，即不限制取球个数，所以这个游戏的轮次是不确定的，而且两人取球的箱子也是不确定的。

为了获胜，甲必须先从装有122个球的箱子中取出 122 - 74 = 48 个球，使两箱球的数量相等。接下来，无论乙从哪一箱中取几个球，甲便从另一箱中取同样多个。这样，不管乙如何取，甲一定获胜。

我会解答啦！

三、思路点拨

【例1】 黑板上写有2003个数：2，3，4，5，6，…，2003，2004，甲、乙两人轮流擦去一个数（甲先擦，乙后擦），若最后剩下的两个数互质，则甲胜，否则乙胜。问：谁必获胜？必胜的对策是什么？

【分析与解答】

我们应该想到，相邻的两个数一定是互质数。如果甲先擦去2004，那么在剩下的2002个数可以分为 2002 ÷ 2 = 1001 个数组：(2, 3)，(4, 5)，(6, 7)，(8, 9)，…，(2001, 2002)，(2002, 2003)，可见每一组数中的两个数必互质。接下来，每当乙擦去某一组数中的一个，甲就擦去这组数中的另一个，这样乙、甲轮流地擦，总是一组一组地擦去这些数，最后剩下的一组数一定是互质数。由此可见，甲必获胜。

当然，甲也可以先擦去其他数，剩下的仍是1001组互质数。例如，甲先擦去2，剩下的1001组互质数为：(3, 4)，(5, 6)，(7, 8)，(9, 10)，…，(2002, 2003)，(2003, 2004)，其他操作不变。

我来回头讲思路。

【例2】取棋游戏。如右图,每个红色圆圈表示放有一颗棋子,只有一个白色圆圈表示空位,各圆圈之间由线段相连。

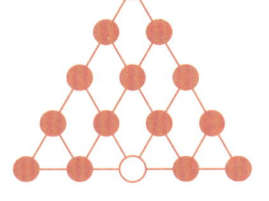

取棋游戏的规则是:如果棋子 A 的邻近格为棋子 B,而 B 的邻近格为空格,那么 A 可以越过 B 而跳至空格,然后取走棋子 B(如下图)。

问:怎样走棋,可以使最后只剩下一颗棋子?

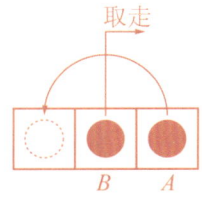

【分析与解答】

如图,给各圆圈所在的位置标上号码,然后按如下方法走棋即可。即:6→13、1→6、2→9、10→3、13→6、3→10、15→6、12→5、7→2、2→9、6→13、14→12、11→13。(走法不唯一)

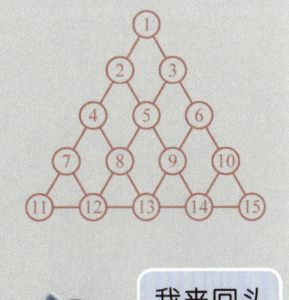

我来回头讲思路。

【例3】小阳和小慧一起进行掷骰子比赛,规定谁掷得的点数大,谁就赢。小阳用红色骰子,上面是 1、6、8 点各两面;小慧用黄色骰子,上面是 3、5、7 点各两面。你觉得这个游戏公平吗?

【分析与解答】

根据题意，我们可以把所有可能的结果列成下表（每种结果出现的可能性相同）：

可能的结果	①	②	③	④	⑤	⑥	⑦	⑧	⑨
小阳	1	1	1	6	6	6	8	8	8
小慧	3	5	7	3	5	7	3	5	7

通过上表，我们不难发现：当掷出第④⑤⑦⑧⑨种结果时，小阳的点数总是比小慧大；而掷出第①②③⑥种结果时，小慧的点数才比小阳大。于是小阳赢的可能性是 $\frac{5}{9}$，小慧赢的可能性是 $\frac{4}{9}$。显然，这样掷骰子来决定谁赢是不公平的，因为小阳赢的可能性大一些。

接着，我们来试试另外一个游戏：如果小刚也有一颗骰子，上面是2、4、9这三个点数各两面，游戏的规则不变，那么，谁赢的可能性大？

我们不妨就用小阳与小刚比。列表如下：

可能的结果	①	②	③	④	⑤	⑥	⑦	⑧	⑨
小阳	1	1	1	6	6	6	8	8	8
小刚	2	4	9	2	4	9	2	4	9

通过上表，我们不难发现：当掷出第①②③⑥⑨种结果时，小刚的点数总是比小阳大；而掷出第④⑤⑦⑧种结果时，小阳的点数才比小刚大。于是小刚赢的可能性是 $\frac{5}{9}$，小阳赢的可能性是 $\frac{4}{9}$，小刚赢的可能性大，游戏还是不公平的。

最后，我们再来玩一个游戏：小刚和小慧比，谁赢的可能性大呢？

也许你会说：既然小刚比小阳赢的可能性大，小阳又比小慧赢的可能性大，那么小刚赢的可能性一定比小慧大喽。事实真的是这样吗？我们继续列表比较。

可能的结果	①	②	③	④	⑤	⑥	⑦	⑧	⑨
小刚	2	2	2	4	4	4	9	9	9
小慧	3	5	7	3	5	7	3	5	7

通过上表，我们不难发现：当掷出第①②③⑤⑥种结果时，小慧的点数总是比小刚大；而掷出第④⑦⑧⑨种结果时，小刚的点数才比小慧大。于是小慧赢的可能性是 $\frac{5}{9}$，小刚赢的可能性是 $\frac{4}{9}$，小慧赢的可能性大。

这大大出乎我们的意料！

小刚赢的可能性大于小阳，小阳赢的可能性大于小慧，小慧赢的可能性又大于小刚……这种循环和自然界的"一物降一物"是多么相似啊！

从这道题目中，我们可以悟出一个道理：做一件事不能凭感觉，一定要动脑想一想，亲手试一试，才有可能成功。

我来回头讲思路。

【找出规律】

要找到破解游戏的对策，必须从具体问题出发，认真地分析、推理。

要解决游戏对策问题（即得到一个必胜的策略），通常可以采用倒推法、枚举法，有时还要分组分类进行分析，从结果出发进行反向思索和推断，从而找到真正取胜的策略。

四、考考自己

1. 排课程表可不是一件容易的事。一次，教务主任外出开会，而学校某班上午的三节课需要重新调整。上午的三节课分别是语文、数学、自然各一节，但数学老师第三节课要外出听课，语文老师第二节课要参加中心组备课，

自然老师一早要去记录和分析小气象台的数据,不能上第一节课。现在请你当一回教务助理,重排上午的课程表以保证三位老师既能按时教课,又能完成其他工作。(10分)

2. 如果某班上午的三节课仍然是语文、数学、自然,但自然老师因早上要记录和分析小气象台的数据,不能上第一节课,数学老师第三节课有事外出,语文老师可以上任意一节。你能排出符合他们要求的课程表吗?(10分)

3. 甲、乙两人在长方形的桌子上轮流放大小相同的圆形硬币(不能重叠),甲先放,乙后放。当一方没有位置可放时,另一方就获胜。问:谁必胜?必胜的对策是什么?(10分)

4. 在一次少儿联欢晚会上,安排了一个"智取苹果"的游戏:桌子上摆着十六个小瓷碟,有六个碟子是空的,其余十个碟子里各放着一个苹果,欢迎游戏者自己来取(右图)。

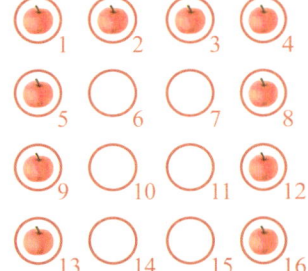

小灵第一个走到台前,刚想伸手去拿,就被主持人拦住了。主持人笑着说:"如果你想玩这个游戏,就必须按照规则去做,最后才能吃到苹果。规则是这样的:凡是参加游戏的人,请先移动一个苹果到任意一个空碟子里;以后每拿起一个苹果,必须越过邻近的一个苹果,放到另一个空碟子里,而把被越过的那个苹果拿出来放在一边。这样继续移动,空碟就会逐渐增多,直至按规则接连移出9个苹果,这时余下的最后一个苹果就可以让你品尝了。"

小灵问:"还有别的规定吗?"

"只能横向或纵向移动,不能沿对角线的方向行进,移动的总步数不能超过十步。"

小灵思考了一会儿,就着手开始移动,不到十步,便拿到了最后一个苹果。请你也来试一试,并根据图中的号码记录你的移动步骤。(10分)

5. 甲、乙、丙三支足球队举行单循环赛，表中给出了部分比赛结果。请你求出甲、乙、丙三队之间的其他比赛结果，并将表格补充完整。（20分）

球队	胜	负	平	进球数	失球数
甲	2				1
乙			1		4
丙				3	7

6. 报数游戏。甲、乙二人轮流报数，每人每次可以报1～10中的任意一个数，不能不报。每次报数后将所报数累加，谁报出100谁获胜。问：这个游戏的必胜策略是什么？（20分）

7. 如下图，一张长方形网格纸有3行10列共30个小方格，甲、乙两人轮流沿方格纸上的直线剪一刀，然后将其中的一份送给对方继续剪，轮到谁无法再剪时谁就输。问：这个游戏的必胜策略是什么？（20分）

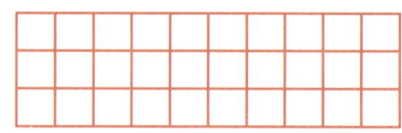

我来挑战！

8. 有九张卡片，分别写有1、2、3、4、5、6、7、8、9。甲、乙两人轮流取一张，谁手上的三张卡片数字加起来等于15，谁就获胜。问：保证不败的对策是什么？（20分）

得分：_____

【考考自己】答案

1. 要解决这个问题,我们可不能随便乱排一通,这样做可不是好的"教务助理"。我们不妨先画一个小课表(语文用"Y"表示,数学用"S"表示,自然用"Z"表示),把所有的上课情况都排进去,再删除不符合条件的情况,最后就能知道该怎样排了。

根据题中的要求,我们先将第一节是"Z"的两列删去,然后删去第二节是"Y"的和第三节是"S"的列。这样,剩下的两列就是符合要求的:即第一节语文,第二节数学,第三节自然,或第一节数学,第二节自然,第三节语文。

节次	各种排列					
	1	2	3	4	5	6
第一节	Y	Y	S	S	Z	Z
第二节	S	Z	Y	Z	Y	S
第三节	Z	S	Z	Y	S	Y
备注	√	×	×	√	×	×

2. 按下列三种情况之一排课程表均可。①第一节语文,第二节数学,第三节自然;②第一节数学,第二节语文,第三节自然;③第一节数学,第二节自然,第三节语文。

3. 甲必胜。必胜的对策是:甲先把第一枚硬币放在桌面正中心点 P 处,以后无论乙在什么位置上放一枚硬币,甲就在它关于中心点 P 的对称位置上放一枚硬币;继续这一过程,只要乙有位置放一枚硬币,甲总能对称地放一枚硬币;由于桌面面积有限,因此当乙没有位置可放的时候,甲获胜。

4. 可以这样移动:8→10,9→11,可取走10号碟中的苹果(下面各次移动,未说明拿去的苹果,请同学们对照图自行操作。为了便于进行,可边移动边做记号,移去的打"×",放入的画"○"。)接下来,1→9,13→5,16→8,4→12,12→10,3→1,1→9,9→11。最后剩下的苹果在10号碟。

5. 由表中可知,甲胜2场,乙平1场,所以三队之间的胜负情况是:甲胜乙、丙;乙与丙踢平一场,即乙、丙互相踢进的球数相等。下面我们根据表格分情况进行推理与验证。

(1)如果甲失的一球是乙踢进的,那么乙进球4个,这时甲的进球数为

$4-3+7-3=5$（个），这时甲踢进乙门仅1球，这样相当于甲与乙平了一场，与已知条件矛盾；

（2）如果甲失的一球是丙踢进的，那么乙进球2个，这时丙进乙门2球，乙进丙门2球，乙进甲门0球，所以甲、乙两队的比分为2∶0；甲、丙两队的比分为5∶1，乙、丙两队的比分为2∶2。这样正好符合题意。比赛结果如下表所示。

球队	胜	负	平	进球数	失球数
甲	2	0	0	7	1
乙	0	1	1	2	4
丙	0	1	1	3	7

6. 这个游戏的必胜策略是：(1)先报1；(2)接下来对方报A（$1 \leq A \leq 10$），我方就报 $11 - A$。我们这样分析：采用倒推法，要先报到100，之前应确保报到多少（设这个数为A）必胜？为确保报到A，又应该如何报？于是我们找到"关键点"：100，89，78，67，56，45，34，23，12，1，即被11除余1。

7. 这个游戏必胜的策略是：先剪下一个正方形送给对方，这时对方无论怎样剪，都只能返还一个长方形，那么我方都可以使图形再变成（更小的）正方形，直到取胜为止。

结合本题，我们可这样思考：甲先剪下 7×3 的一块，把 3×3 的那块送给乙，乙只能剪成 1×3 和 2×3 的两块。若送给甲 1×3 的那块，正好使甲剪下 1×2 而获胜；若送给甲 2×3 的那块，则甲再一刀剪成 1×2 和 2×2 的两块，把 2×2 的送给乙，乙只可能切成 1×2 的两块，其中一块送给甲，甲还是获胜。

8. 从1、2、3、4、5、6、7、8、9这九张卡片中选三张卡片，使数字加起来等于15，有如下8种组合：(1) 1、5、9；(2) 2、4、9；(3) 2、5、8；(4) 2、6、7；(5) 3、4、8；(6) 3、5、7；(7) 4、5、6；(8) 1、6、8。

要保证不败，就应使对方不能获胜。选数的原则应该是：(1)使自己所占的可能性尽量多；(2)尽量破坏对方取胜的可能性。

从上面8组数中可以看出：数字"5"在8组数中出现的次数最多（共4次），所以谁先选5，谁就比较占优势。

　　不妨假设甲先取5，对于乙来说，他只剩下2、4、9；2、6、7；3、4、8；1、6、8这四种可能。为了使自己组成15的可能性尽量大，乙可取2（或4、6、8）。接着轮到甲，因为他既要破坏乙取胜的可能性，又要使自己尽快达到15，所以应取4或6。如果甲取4，那么甲已取的两数之和是5+4=9。这时，甲只要再取6就获胜了。为了破坏甲取胜的可能性，乙就应接着取6，这样，乙已取的两数之和就是2+6=8，乙只要再取7就会获胜。所以，第三次甲应该取7，这样就破坏了乙取胜的可能性，上面的过程就是甲保持不败的对策，其他情况可以此类推。

第十一讲　最大与最小问题

一、提出问题

先看一个简单的问题。

妈妈招待客人,小贝帮忙烧水沏茶。洗烧水壶要用1分钟,洗茶杯、洗茶壶各用1分钟,拿茶叶要用2分钟,烧水要用8分钟,泡茶要用1分钟。小贝怎样安排这些事情,才能让客人在最短时间内喝到茶?

相信"沏茶"问题一定难不倒你。像这样,研究某种量(或几种量)在一定条件下取得最大值或最小值的问题,我们称为最大与最小问题。

在日常生活和生产实践中,人们总是在不断追求优质、高效。而人们所碰到的各种优化问题、高效低耗问题,最终都表现为数学上的极值问题(即称为最大与最小问题)。最大与最小问题涉及的知识多、灵活性强,我们在解题时要善于综合运用所学的各种知识。

二、我先试试

把11分成两个自然数的和,使得两个自然数的乘积最大,应该怎样分?如果把11分成几个自然数的和,使得几个自然数的乘积最大,又该怎样分呢?

【分析与解答】

分成两个自然数,这两个自然数越接近,乘积就越大(提示:我们可以联想周长一定的长方形中,长与宽相差越小,面积越大;当长与宽相等时,即变成正方形时,面积最大)。于是应该分成5和6,乘积是30,这是此时的最大乘积。

如果要分成2个以上的自然数的和,使得它们的乘积最大,这个问题就有点复杂了。其中当然不能含有1(因为1乘任何数以后,该数并不变大),应该至少是2。如果其中有3个2,由于$2+2+2=3+3$,而$2×2×2<3×3$,可见将3个2换成2个3之后,和一样,但是乘积变大了。如果其中有大于4的自然数,那么仿照上面的分法,将它分成两个小的自然数之和以后,总可以使这些自然数的乘积变大(如$2×3>5$)。所以,所分的加数都应小于5。

因此,$11=3+3+3+2$,乘积$=3×3×3×2=54$,这是最大的乘积。

我会解答啦!

三、思路点拨

【例1】把16分成若干个自然数的和,如何分才能使它们的乘积最大?

【分析与解答】

结合前面的研究,现在我们可以用"以退为进"的办法,化大为小,找出规律,即从2、3、4、5……逐个进行尝试:

$2=1+1$,最大乘积为$1×1=1$;

$3=1+2$,最大乘积为$1×2=2$;

$4=2+2$,最大乘积为$2×2=4$;

$5=2+3$,最大乘积为$2×3=6$;

$6=3+3$,最大乘积为$3×3=9$;

$7=2+2+3$,最大乘积为$2×2×3=12$;

$8=2+3+3$,最大乘积为$2×3×3=18$;

$9=3+3+3$,最大乘积为$3×3×3=27$;

……

从上面的规律中不难看出，对于自然数 n，从 $n = 4$ 开始，有三种情况：

（1）当 $n = 3m + 1$ 时，最大乘积为 $3^{m-1} \times 2^2$；

（2）当 $n = 3m + 2$ 时，最大乘积为 $3^m \times 2$；

（3）当 $n = 3m$ 时，最大乘积为 3^m。

因为 $16 = 5 \times 3 + 1$，符合上面的第（1）种情况，所以应当把 16 拆成 $(5-1)$ 个 3 和 2 个 2（$3 + 3 + 3 + 3 + 2 + 2 = 16$），这时它们的乘积最大，即最大乘积是 $3 \times 3 \times 3 \times 3 \times 2 \times 2 = 3^{5-1} \times 2^2 = 324$。

我来回头讲思路。

【例 2】明明有 8 把钥匙、8 把锁，一把钥匙只能开一把锁，但不知哪把钥匙能开哪把锁，他最多要试几次才能给每一把锁都找对钥匙？

【分析与解答】

这里的"最多"，意思是"最不凑巧"，因为在最不凑巧的情况下试的次数才最多。找对第 1 把锁的钥匙，最多要试 7 次，如果 7 把都试过了，第 8 把钥匙就不必再试了，一定能打开这把锁。同样的道理，可知找对第 2 把、第 3 把、第 4 把……第 8 把锁的钥匙分别最多要试 6、5、4、3、2、1、0 次。

所以，最多要试 $7 + 6 + 5 + 4 + 3 + 2 + 1 + 0 = 28$（次）。

我来回头讲思路。

【例3】一次数学考试的满分是100分,6位同学在这次考试中的平均得分是91分,且这6位同学的得分互不相同,其中有1位同学仅得65分。那么,得分从高到低排在第3名的同学至少得多少分?

【分析与解答】

除其中1人得65分,其余5位同学的总得分是 $91×6-65=481$(分)。这样,第3名的得分 = 481 − 其余4位同学的总得分。要使排第3名的同学的得分尽可能少(达到"至少"),就要使其他4人得分尽可能多(达到"至多"),也就是说,第1名、第2名的得分应尽可能地高(分别得100分和99分),而且另外两人的得分又要尽可能与第3名接近。

于是第三至第五名的平均得分是 $(91×6-65-100-99)÷3=94$(分)。平均数为94且又十分接近的互不相等的3个数为93、94、95。所以,排在第3名的同学至少得95分。

我来回头讲思路。

【找出规律】

通过比较得出最大或最小值,是解决最大与最小问题的基本方法。但这种方法通常只适用于有限的情形。当所讨论的量取值很多时,应着眼于极端情形,并通过分析得出取极端值的条件。一般可顺着"要使……就要使……"这样的思路进行分析与比较,进而使问题更加具体明确,从而逐步逼近问题的答案。

四、考考自己

1. 小虎有 8 分、1 角和 2 角三种面额的邮票若干张，总面值为 1 元 2 角 2 分，那么他至少有几张邮票？（10 分）

2. 把 100 写成不同的自然数之和，这些数中最多有多少个偶数？最少有多少个偶数？（10 分）

3. 若干个连续自然数 1、2、3、4……的乘积的末尾十三个数字都是零，其中最大的一个自然数是多少？（10 分）

4. 先把14拆成几个自然数的和，再求出这些数的乘积。如何拆可以使乘积最大？（10分）

5. 一个三位数除以43，商是 a，余数是 b（a、b 都是整数）。求 $a+b$ 的最大值。（10分）

6. $975 \times 935 \times 972 \times$（　　　），要使这个连乘积的末尾四个数字都是零，括号内最小应填几？（10分）

7. 有三个连续自然数,它们依次是 12、13、14 的倍数。这三个连续自然数中是 13 倍数的那个数最小是几?(13 除外)(10 分)

8. 用 60 分米长的铁丝做一个长方体框架(可以把铁丝截断),这个长方体的长、宽、高各为多少分米时,它的体积最大?(10 分)

9. 有三个数字,通过变换位置可以组成 6 个不同的三位数,它们的和等于 2886。其中最小的三位数是多少?(10 分)

10. 从多位数 123456789101112131415161718…979899100 中划去 100 个数字,使剩下的数字(顺序不变)组成的多位数最大,应该如何做?(10 分)

11. 某种商品的成本为 40 元。按 50 元售出时,每天能卖出 500 件;每涨价 1 元,其销量就减少 10 件。为了赚得最大的利润,售价应定为多少元?(20 分)

得分:_____

【考考自己】答案

1. 9 张。

要使邮票尽量少,那么面值大的应尽可能多。根据总面值是 1 元 2 角 2 分即 122 分,可以确定 8 分邮票的张数。由 $8×4=32$ 或 $8×9=72$,应取张数少的 4;又因为 $122-32=90=20×4+10$,所以小虎最少有 4 张 2 角、1 张 1 角、4 张 8 分,共 9 张邮票。

2. 最多 10 个,最少 0 个。

把 100 写成不同的自然数之和,最多有多少个偶数,可从 $0+2+4+\cdots$ 想起:$100=0+2+4+6+8+10+\cdots$,加到 20 和是 110,多了 10,去掉 10 就可以了,因此最多是 10 个偶数;又因为 $1+3+5+7+\cdots+15+17+19=100$,所以不用偶数也能使和等于 100,因此最少用 0 个偶数,就能写出不同自然数之和为 100 的数。

3. 59。

因为乘积末尾有连续十三个零,所以乘数中必有 13 个 2 的因子,13 个 5 的因子。通过尝试,发现 $1×2×3×\cdots×58×59$ 乘积的末尾有连续十三个零,因此符合题目要求的最大的自然数是 59。

4. 根据例 1 可知,把 14 拆成 3、3、3、3、2 时,它们的乘积最大,最大乘积是 $3×3×3×3×2=162$。

5. 64。

因为最大的三位数是 999,除以 43 后,商是 23,余数是 10,此时除数大于 2,余数又不是最大的,所以除以 43 商 22、余数为 42 的三位数才是最大的。$42+(23-1)=64$(这个三位数是 988),因此 $a+b$ 的最大值是 64。

6. 20。

因为 $975=39×5^2$,$935=187×5$,$972=243×2^2$,前三个数的因数中共有 3 个 "5" 和 2 个 "2",所以要使这个连乘积的最后四个数字都是 "0",还缺少 1 个 "5" 和 2 个 "2",所以括号中应填的数是:$2×2×5=20$。

7. 1105。

因为 12、13、14 的公倍数分别加上 12、13、14 后才依次是 12、13、14

119

倍数的连续自然数，所以要求是 13 的倍数的最小自然数，只需先求 12、13、14 的最小公倍数 1092，再加上 13 得 1105。

8. 长、宽、高都为 5 分米。

由"周长相等的长方体中，正方体的体积最大"的结论可知，以 60 分米为周长的正方体的体积最大，而正方体共有 12 条棱，60÷12＝5（分米），故长、宽、高都等于 5 分米时，体积最大。

9. 139。

设这三个数字分别是 a、b、c，可组成的 6 个不同的三位数是：abc、acb、bac、bca、cab、cba，所以 a、b、c 均不为 0。观察可知，其中每个数字在个位、十位和百位上均出现 2 次，所以这 6 个三位数之和可表示为 $(100+10+1)\times 2(a+b+c)=2886$，解得 $a+b+c=13$。要求最小的三位数，就要使高位上的数字尽量小，所以最小的三位数为 139。

10. 从 12345678910 中划去 10 个数字，剩下 9；从 1112131415……484950 这 80 个数字中划去 76 个数字，剩下 4 个 9；从 51525354……5960 这 20 个数字中划去（100－10－76＝）14 个数字（划去的是：51525354555655），剩下 785960。最后得到的 92 位数是 999997859606162……979899100，即为符合题意的最大多位数。

11. 20 元。

设每个商品的售价为 $(50+x)$ 元，则销量为 $(500-10x)$ 件，总共可获利 $(50+x-40)\times(500-10x)=10\times(10+x)\times(50-x)$ 元。因为 $(10+x)+(50-x)=60$ 为定值，所以当 $10+x=50-x$，即 $x=20$ 时，它们的积最大。此时赚得的利润最大，最大利润为 $10\times(10+20)\times(50-20)=9000$（元）。

第十二讲　正确判断与推理

一、提出问题

看图想一想,谁说对了?它们分别获得了哪枚奖牌?

就像上面这个问题一样,本讲我们将要讨论的问题,看上去似乎没有什么数学的"味道",因为这些问题较少涉及数据,也没有几何图形,只涉及一些相互关联的条件,不需要也不可能通过演算或作图加以解决。不过讨论这些问题,必须进行有条理的思考和严谨有序的推理,而良好的推理能力是学好数学不可或缺的哦!

二、我先试试

教师节前夕,新苏小学六(1)班四位班干部中有一位偷偷做了一个海绵坐垫放在班主任的椅子上。班主任为了弄清这个坐垫是谁做的,分别询问了朱雨、杨娜、李明和陈新四位班干部。

朱雨说:"是杨娜做的。"

杨娜说:"是陈新做的。"

李明说:"不是我做的。"

陈新说:"杨娜说得不对。"

这四人中,只有一人说了实话。你能根据上面同学们的回答,推断出这个海绵坐垫到底是谁做的吗?

【分析与解答】

我们不妨这样思考:由题意知,四人中只有一人说实话。但从四人说的话中可以发现,杨娜与陈新的话有矛盾,两人中必有一真一假,因而可以从杨娜说的话出发进行推理。

假设杨娜说的是实话,确实是陈新做的,那么陈新说的是假话;同时可推出朱雨说的也是假话;而李明说的是实话,这和只有一个人说实话这一条件相矛盾。

所以,陈新说的是实话,朱雨、李明、杨娜说的是假话,这个海绵坐垫必然是李明做的。

从上面的例子可以看到,要推断出正确的结论,一定要找到一个突破口,再从突破口出发,进行连续推理,只有所有推理都符合题目设定的条件,才说明推断正确。

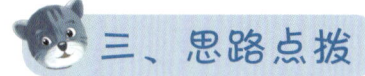

三、思路点拨

【例1】猜名次

在某市举办的一次数学竞赛中,某学校派了甲、乙、丙、丁四位同学参赛,其中有三位同学各得一个不同等级奖,还有一位同学得鼓励奖。赛前,张、王、李三位老师对四位同学的成绩作了如下猜测:

张老师说:"乙得一等奖,丙得二等奖。"

李老师说:"甲得一等奖,丁得二等奖。"

王老师说:"乙得二等奖,丙得三等奖。"

比赛结果公布后,发现每位老师各猜中一人。四位同学分别获得几等奖?

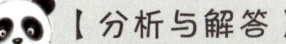

【分析与解答】

从题中给出的两个条件,可知四人中有三人分别获不同等级奖,还有一人获得鼓励奖。也就是说,每一个等级奖都有一人获得。

因为每位老师各猜中一人,也就是说,每位老师恰巧猜错一人,所以不妨先假设张老师说的乙得一等奖是对的,丙得二等奖是错的,则王老师说的乙得二等奖是错的,丙得三等奖是对的;李老师说的甲得一等奖是错的,丁得二等奖是对的。这里,只剩鼓励奖,无疑是甲。所以,四人的获奖情况依次是:乙得一等奖,丁得二等奖,丙得三等奖,甲得鼓励奖。

上述推理过程是对一个对象作假设进行推理,如果推理下去产生矛盾,那么只要调换一下对象重新推理,就有可能得到正确答案;如果没有产生矛盾,那么先前的假设就是问题的答案。为了在推理过程中少走弯路,要认真分析题意,找准解决问题的突破口。例如,从本题提供的条件中可以发现,每位老师都猜中一人,而三等奖只有王老师一人去猜,所以还可以将王老师的猜测作为突破口进行推理。

我们还可用更简便的方法,如用列表法进行推理和判断。

	一等奖	二等奖	三等奖	鼓励奖
张老师	乙	丙		
李老师	甲	丁		
王老师		乙	丙	

从上表可以看出,三等奖只有一人去猜,如果丙不是三等奖,那么乙是二等奖,这样张老师的猜测就全错了,所以丙一定是三等奖;于是张老师说的丙是二等奖是错的,乙是一等奖是对的;进而李老师说的甲是一等奖是错的,丁是二等奖是对的。这时只剩下甲,必然是鼓励奖了。

我来回头讲思路。

【例2】李教授的实验

李教授连续做了若干小时的实验。开始和结束时，墙上的挂钟都正在报时，他做完实验后大约16分钟，钟面上的时针与分针重合。已知这个挂钟只在整点报时，按照12时计时法，是几点就报几下，整个实验过程中挂钟共报了39下。问：

（1）李教授的实验共做了几小时？

（2）他做完实验时，挂钟敲了几下？

【分析与解答】

我们可先将39分解为几个连续整数的和，有两种可能的情况：39 = 4 + 5 + 6 + 7 + 8 + 9，39 = 10 + 11 + 12 + 1 + 2 + 3。

由于李教授做完实验后大约16分钟，钟面上的时针与分针重合，而9时16分前后，时针不可能与分针重合，因此可排除第一种可能。

完整解答如下：

（1）12 + 3 − 10 = 5（时）。

（2）做完实验时，挂钟敲了3下。

我来回头讲思路。

【例3】乒乓球赛得分

10名选手参加一次乒乓球比赛，他们分别来自甲、乙、丙三支队伍。每名选手都与其余9名选手各赛一盘，胜者得1分，败者得0分，平局双方各得0.5分。结果甲队选手平均得3.6分，乙队选手平均得4.5分，丙队选手平均得9分。问：甲、乙、丙三支队伍各有几名选手参赛？

【分析与解答】

由题意可知，每名选手和其他9名都赛一场，所以一共赛的场次是：10 × 9 ÷ 2 = 45（场），得总分是：1 × 45 = 45（分）。根据得分要求，每人得分不是整数就是带0.5分的小数，所以有下列几种可能的情况：

因为甲队选手平均得 3.6 分,并且 3.6 分的整数倍的小数部分不可能出现 0.5 分,所以甲队总分为整数,只能是 3.6×5 = 18(分)或 3.6×10 = 36(分)。如果是 36 分,那么甲队就有 10 名选手,这是不可能的。因此,甲队有 5 名选手。那么,乙、丙两队一共有 5 名选手。

丙队选手平均得 9 分,所以丙队总分必定是整数,且已求得甲队总分是整数,从而推得乙队总分也是整数。因此,丙队得分有 4 种可能的情况:9×1 = 9(分),9×2 = 18(分),9×3 = 27(分),9×4 = 36(分)。

由于已推得乙队总分一定是整数,因此乙队得分有 2 种可能的情况:4.5×2 = 9(分),4.5×4 = 18(分)。

现根据三队得分的可能情况,分析出各队的选手人数。

(1)假设甲队有 5 名,乙队有 2 名,丙队有 3 名,则总分是 3.6×5 + 4.5×2 + 9×3 = 54(分),与已知条件不符。

(2)假设甲队有 5 名,乙队有 4 名,丙队有 1 名,则总分是 3.6×5 + 4.5×4 + 9×1 = 45(分),与已知条件相符。

因此,甲队有 5 名选手,乙队有 4 名选手,丙队有 1 名选手。

我来回头讲思路。

【找出规律】

在解决与判断和推理有关的问题时,首先要抓住重要的已知条件作为突破口。推理要有条理、有次序地进行,要充分利用前面推理中得出的结论,将其作为后一步推理的依据。

推理过程中,往往需要运用排除法和反证法。有时还需要借助表格、图示和演算,这样综合运用各种思路,才能获得最后的成功。

特别是要善于借助表格,把已知条件和推出的中间结论逐项填入表格内。填表时,对正确的(或不正确的)结果要及时标记"√"(或"×"),以免出现遗忘或混乱,从而影响推理的速度,或被错误信息干扰思路。

四、考考自己

1. 一位旅行者在一座小岛上生活了一段时间后,发现当地的土著居民中,一部分人只说真话,另一部分人则只说谎话。一天,他要到某村落去,走到一岔路口,面前有两条路,他只知其中一条通向他要去的村落。岔路口站着一位土著居民,旅行者想上前问路,但不确定他是否会说谎。旅行者想了一下,设计了一个巧妙的问题,只要土著居民回答"是"或"不是",就可以知道面前哪条路通向要去的村落。你知道旅行者是怎样发问的吗?(10分)

2. 一天,小王访问了有趣的"真假"俱乐部,这个俱乐部的成员分为两种人:一种是永远说实话的老实人;另一种是总说假话的说谎者。小王到达时,他们正围着大圆桌共进午餐。小王问每个人:"你是不是老实人?"结果每个人都说自己是老实人。小王只好重新再问一圈,这次他将问题改为:"你左邻的那人是不是老实人?"这次得到的回答全是否定的。

回家时,小王才发现忘了问他们共有多少人,就打电话问俱乐部的经理,他回答说有37人。小王挂断电话又想到忘了问经理是老实人还是说谎者,只好重打电话。这一次,接电话的是秘书,他在得知小王的意图后说:"不,不,桌边应有40人,我们的经理是个说谎者,他的话怎么能信?"

这下小王也糊涂了。请你帮助小王想一想,这个俱乐部到底有多少人?(10分)

3. 有三个人站在你的面前，你只知道其中一人总说真话（记作"T"），一人总说假话（记作"L"），还有一人说话时真时假（记作"R"）。你不知道三人的情况，但他们三人却彼此了解。

请你设计三个问题，要求每个问题只需随便问三个人中的一个，被问到的人只需回答"是"或"不是"，你就能确定各人的诚实情况。（10分）

4. 四人参加跳远、百米跑、铅球、跳高四项比赛，规定每个单项第一名记5分，第二名记3分，第三名记2分，第四名记1分。每项比赛中，四人得分互不相同。最终，总分第一名为17分，其中跳高得分低于其他三项得分；总分第三名为11分，其中跳高得分高于其他三项得分。总分第三名的铅球得分是多少？（10分）

5. 某中学新分配来甲、乙、丙三名大学生,其中一人出生在县城,一人出生在海边渔区,一人出生在农村;他们之中一人教数学,一人教体育,一人教语文。还知道:甲不教数学,乙不教体育;教数学的不出生在渔区;教体育的出生在县城;乙不出生在农村。

试确定甲、乙、丙三名大学生所任学科和各自的出生地。(10分)

6. 一位心理学教授要考一考他的三个学生。教授拿来3顶红色和2顶黑色的帽子,他让三个学生先围成一个小圈,再闭上眼睛,然后给每人戴上一顶帽子,并藏起其余的两顶,最后让他们睁开眼睛,猜自己所戴帽子的颜色。他们一开始面面相觑,谁都猜不出来。经过片刻沉思,三人几乎不约而同地猜中了自己头上帽子的颜色。

问:他们猜出的各是什么颜色?又是怎样想的?(10分)

7. 已知在某校学生中，没有一人读过学校图书馆的所有图书，又知道图书馆内任何两本书都至少被同一名学生读过。问：能不能找到两名学生甲、乙以及三本书 A、B、C，满足甲读过 A、B，没读过 C，而乙读过 B、C，没读过 A？请说明寻找方法。（20分）

8. 许多人都听说过伽利略、牛顿、瓦特、哥白尼和爱因斯坦，但能识别他们画像的人恐怕就不多了。一天，一位老师让五名学生来分辨这五位科学家的画像，老师把画像从1到5编了号，让每名学生写出其中任意两位科学家的名字。这五名学生的作答情况如下：

甲：2号是牛顿，3号是伽利略。

乙：1号是瓦特，2号是爱因斯坦。

丙：3号是爱因斯坦，5号是瓦特。

丁：2号是牛顿，4号是哥白尼。

戊：4号是哥白尼，1号是伽利略。

老师看完后，说："你们每个人都写对了一个。"那么，1号和2号科学家分别是_____。（20分）

A. 牛顿、爱因斯坦　　　　　　B. 瓦特、伽利略

C. 伽利略、爱因斯坦　　　　　D. 瓦特、爱因斯坦

9. 一位心理学教授要考一考他的4个学生甲、乙、丙、丁。他拿出6顶帽子，其中3顶是红色的，2顶是蓝色的，1顶是黄色的。他让4个学生先面向自己排成一列，然后闭上眼睛，接着将其中4顶帽子分别给4个学生戴上，并藏起其余的两顶，最后叫他们睁开眼睛。每个学生只能看见他前面的人头上帽子的颜色，看不见他自己和后面的人头上帽子的颜色（如下图）。

现在教授开始发问。他首先问最后一名学生丁："根据前面3顶帽子的颜色，你知道自己戴的帽子是什么颜色吗？"丁摇摇头说不知道。教授又问学生丙："根据前面两顶帽子的颜色和丁的回答，你知道自己戴的帽子的颜色吗？"丙想了想，也说不知道。教授再问学生乙："你知道吗？"乙依然回答不知道。教授最后问学生甲，甲想了想，回答自己头上帽子的颜色是红色，并正确地说出了推理过程。

同学们，你知道甲是怎样想的吗？（20分）

得分：_____

【考考自己】答案

1. 必须提一个两难的问题，才能保证土著居民的回答对自己有利。旅行者指着前面两条路中的一条，向土著居民提问："在'你是说谎者'和'这条路通向那个村落'这两句话中，是不是一对一错？"如果那人回答"是"，即表示所指的路指对了；如果回答"不是"，即表示路指错了。

我们不妨这样想：如果那人是说真话者，路又指对了，在问的两句话中确是一对一错，那人就该回答"是"；如果那人是说真话者，路却指错了，那么他听到旅行者说的两句话都不对，就该诚实地回答"不是"。

如果那人是说谎者，路又指对了，那么问的两句话都对，不是一对一错，但说谎者却偏说"是"；如果那人是说谎者，路却指错了，那么问的两句话确是一对一错，但说谎者又故意说"不是"。

从上面四种情况来看，答话"是"总对应着旅行者指对路；答话"不是"总对应着旅行者指错路。这就是旅行者问话中的聪明之处！

2. 40 人。

小王通过第一个问题是无法判定的，因为不管是老实人还是说谎者，都会说自己是讲真话的。从第二个问题可知，老实人和说谎者正好间隔排列，因此总人数必定是偶数。于是可以断定经理是说谎者，秘书是老实人，俱乐部总人数应是 40 人。

3. 设三人分别是 A、B、C。那么有六种可能的组合情况：

	一	二	三	四	五	六
A	T	T	L	L	R	R
B	L	R	R	T	T	L
C	R	L	T	R	L	T

第一个问题你可以先问 A："B 比 C 更喜欢讲真话吗？"如果 A 回答"是"，那么可以否定第一与第四两种情况。对于第一种情况，A 是说真话者，B 是说谎者，A 对该问题的回答应是否定的；对于第四种情况，A 是说谎者，B 是说真话者，A 的回答也应是否定的。由此你可以断定 C 不是半真半假者（R）。

同理，如果 A 回答"不是"，你可以否定第二与第三两种情况，并断定 B 不是半真半假者（R）。

不管第一个问题得到什么回答，你总应向肯定不是半真半假的人提第二个问题，这个问题的答案应是已知的，由此即可判定他是说真话者还是说谎者。比如，你可以问："你是那个说话半真半假的人吗？"若他回答"不是"，则他应必定是说真话者，你再问他一个问题就能把三人都分清。若他回答"是"，那他必定是说谎者，你再问他一个问题，并反听，也可把三人分清。

4. 2 分。

由题中给出的单项得分条件，可得出四项总分是：(5+3+2+1)×4 = 44（分）。于是第二名、第四名总分一共是：44 − 17 − 11 = 16（分）。从题意可知，第二名总分必须大于 11 分，小于 17 分，第四名至少有 4 分（每个项目至少 1 分）。所以第二名 12 分，第四名 4 分。最后列表分析，就可以求出第三名的铅球得分。

项目	名次			
	一	二	三	四
跳远	5	3	2	1
百米跑	5	3	2	1
铅球	5	3	2	1
跳高	2	3	5	1
总分	17	12	11	4

因为第四名只有 4 分，所以单项应该都是 1 分。因为第一名的总分是 17 分，跳高得分又要低于其他得分，所以只能是 2 分，其余单项得分为 5 分、5 分、5 分。因为第三名的总分是 11 分，跳高得分又要高于其他得分，所以只能是 5 分，这样其余单项得分为 2 分、2 分、2 分。因为第二名的总分是 12 分，所以每个单项得分均是 3 分，即 3×4 = 12（分）。经检验，各项得分均符合题意。因此，第三名的铅球得分是 2 分。

5. 甲教体育，出生在县城；乙教语文，出生在渔区；丙教数学，出生在农村。

由题中提供的条件来看，乙的限制条件最多，所以可以将乙作为突破口。

因为乙不教体育，所以不出生在县城；又因为乙不出生在农村，所以乙出生在渔区。因为教数学的不出生在渔区，教体育的出生在县城，所以乙只能教语文。

因为乙教语文，且甲不教数学，所以甲教体育且出生在县城。剩下的丙必定教数学且出生在农村。

6. 他们猜出自己所戴的帽子都是红色。

以甲为例。甲不可能看到两顶黑色的帽子，否则他就会立即断定自己所戴的是红色帽子。由此推知，三人都没有看到两顶黑色帽子。如果甲头上的是黑色帽子，那么乙将看到一顶黑色帽子，乙将会立即猜出自己所戴的是红色帽子（因为在丙的视野里没有两顶黑色帽子），现在，乙猜不出来，说明甲头上戴的不是黑色帽子，而是红色帽子。

因为三人都是这样想的，所以三人同时猜出了自己所戴的是红色帽子。

7. 可以找到满足条件的学生和图书。

首先从读书量最多的学生中找一人，称之为甲。由题设，甲至少有一本书 C 未读过，设 B 是甲读过的书中的一本。根据题设，可找到学生乙，乙读过 B、C。

由于甲是读书量最多的学生之一，因此乙的读书量不超过甲，而乙读过 C 书，甲未读过 C 书，所以甲一定读过一本书 A，且乙没读过，否则乙就比甲至少多读过一本书（C）。这样一来，甲读过 A、B，未读过 C；乙读过 B、C，未读过 A。

8. A。

本题可用转化为表格形式。观察五名学生的答案可发现，乙和丙都写了瓦特和爱因斯坦。于是可假设 1 号是瓦特，则 3 号是爱因斯坦，不是伽利略，再由甲的作答可推出 2 号是牛顿。接着由丁的作答可推出 4 号不是哥白尼，再由戊的作答可知 1 号是伽利略，与假设 1 号是瓦特相矛盾，说明假设错误。假设 2 号是爱因斯坦，则 5 号是瓦特，再由甲的作答可知 3 号是伽利略，由丁的作答可知 4 号是哥白尼，与结果"每个人都写对了一个"相符合。所以 1 号是牛顿，2 号是爱因斯坦。故选 A。

9. 学生甲是这样想的：

丁不能断定自己头上帽子的颜色，说明甲、乙、丙三人帽子不是蓝、蓝、

黄。否则，丁一定会很快断定自己头上帽子的颜色是红色。因此，甲、乙、丙三人中一定至少有一顶是红色的。

丙不能断定自己头上帽子的颜色，说明他看到的前面两人的帽子中至少有一顶是红色。否则，若前面二人的帽子无红色，而三人中却至少有一顶是红色的，丙就能结合丁的回答断定自己头上的帽子是红色的。

乙不能断定自己头上的帽子颜色，说明他看到甲所戴的帽子是红色。否则，甲、乙两人的帽子中至少有一顶红色，而甲又不是红色，乙就可以断定自己头上戴的必是红色的。

根据丁、丙、乙的回答，什么也没有看见的甲反而可以断定自己头上戴的必是红色的帽子。你说妙不妙？

由此可见，拥有一个善于思维的大脑是多么重要！

第十三讲 "牛吃草"问题

一、提出问题

一个牧场长满青草,而且牧草每天都在均匀地生长着,12头牛4周可以吃光 $3\frac{1}{3}$ 格尔的牧草;21头牛9周可以吃光10格尔的牧草。问:24格尔的牧草可够多少头牛吃18周?("格尔"是古罗马的面积单位)

"牛吃草"问题是英国科学家牛顿在《普通算术》一书中提出的,因而人们一般也称这类问题为牛顿问题。这类问题中蕴含着十分复杂的数量关系,主要涉及原有的草量、不断生长着的草量、牛的数量以及时间。你能想出解决这个问题的方法吗?

二、我先试试

一个牧场长满青草,牛在吃草而草又不断生长。27头牛6天可以把牧场的草全部吃完;23头牛吃完全部牧场的草则需要9天。问:这片牧草可供多少头牛12天吃完?

【分析与解答】

由题意可知，27头牛6天吃完，即吃了牧场原有的牧草和6天均匀生长的牧草；23头牛9天吃完，即吃了牧场原有的牧草和9天均匀生长的牧草。为便于探求这两组量，我们可用下面的直观图表示。

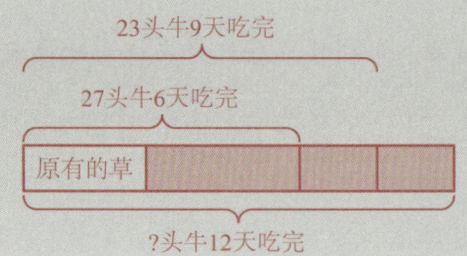

从上图可以清楚地看出：由两种情形下吃草量的差可表示（9－6）天草的生长量，即可求出草每天的生长量；再从某一情形下吃草总量中减去草的生长量，即是原有牧草量。接下来问题就迎刃而解了。

假设每头牛每天的吃草量为1。

（1）27头牛6天的吃草量：$1×27×6=162$；

（2）23头牛9天的吃草量：$1×23×9=207$；

（3）每天新生长的牧草量：$(207-162)÷(9-6)=15$；

（4）这片牧场原有牧草量：$162-15×6=72$（或$207-15×9=72$）；

（5）12天吃完需要牛的头数：$(72+15×12)÷12=21$（或$72÷12+15=21$）。

答：这片牧草可供21头牛12天吃完。

我会解答啦！

三、思路点拨

【例1】 某个牧场上的草每周长得一样密，一样快。如果这片牧草可供24头牛吃6周，或者供20头牛吃10周，那么这片牧草可供18头牛吃多少周？

【分析与解答】

假设每头牛每周的吃草量为1，根据"这片牧草可供24头牛吃6周"和"或者供20头牛吃10周"，可以求出两次草量的差，进而求出每周生长的草量和原有的草量。接着根据上面一题的思路，设共可吃 x 周，可列方程解答。完整解答过程如下：

假设每头牛每周吃草量为1。

（1）24头牛6周的吃草量：$24 \times 6 = 144$；

（2）20头牛10周的吃草量：$20 \times 10 = 200$；

（3）每周新生长的草量：$(200 - 144) \div (10 - 6) = 14$；

（4）这片牧场原有的草量：$144 - 14 \times 6 = 60$（或 $200 - 14 \times 10 = 60$）；

（5）设这片牧草可供18头牛吃 x 周，可列出方程 $(60 + 14x) \div x = 18$，解得 $x = 15$。（这一步也可这样想：18头牛中的14头吃每周长出的牧草，剩下的4头吃牧场上原有的牧草，所以这片牧草可供18头牛吃 $60 \div 4 = 15$ 周。）

答：这片牧草可供18头牛吃15周。

我来回头讲思路。

【例2】 一片牧草每天生长的速度相同。已知这片牧草可供16头牛吃20天，或者供80只羊吃12天。如果1头牛每天的吃草量等于4只羊每天的吃草量，那么10头牛与48只羊一起吃，可以吃多少天？

【分析与解答】

牛羊混杂，不妨都按牛计算，假设每头牛每天的吃草量为1。

（1）16头牛20天的吃草量：20×16 = 320；

（2）80只羊（相当于20头牛）12天的吃草量：20×12 = 240；

（3）每天新长的草量：(320 - 240)÷(20 - 12) = 10；

（4）原有的草量：320 - 10×20 = 120（或240 - 10×12 = 120）；

（5）10头牛与48只羊相当于22头牛，让其中的10头去吃每天新长出的草，余下的12头去吃原有的草，原有的草可供12头牛吃120÷12 = 10（天）。

答：10头牛与48只羊一起吃，可以吃10天。

我来回头讲思路。

【找出规律】

"牛吃草"问题有时也会以其他情境呈现，常见的解法可分为3步：

1. 通过比较两种不同吃草总量的时间差，得出"新生量"；

2. 用其中的一种吃草总量减去新生量或加上减少量，求得"原有量"；

3. 针对求头数或天数等问题，合理安排牛吃草，常见的方法是引出几头牛应对"新生量"，其余的应对"原有量"。

对于比较复杂的问题，如草地或牛羊有变化的情形，也都可以基于上面3步来解决。

四、考考自己

1. 用 3 台同样的水泵抽干一口井里的泉水需要 40 分钟；用 6 台这样的水泵抽干它只需要 16 分钟。问：用 9 台这样的水泵，多少分钟可以抽干井里的水？（泉水匀速向外渗水）（10 分）

2. 一片牧场上草的生长速度一定，可供 3 头牛吃 9 天，或供 5 头牛吃 5 天。问：这片牧场的草可供 2 头牛吃多少天？（10 分）

3. 某个牧场上长满了牧草，牧草保持匀速生长。已知这片牧草可供 10 头牛吃 20 天，或者 15 头牛吃 10 天。问：这片牧草可供 25 头牛吃几天？（10 分）

4. 假设地球上新生资源的增长速度是一定的。经测算，地球上的资源可供110亿人生活90年，或供90亿人生活210年。为了使人类能够不断繁衍生息，地球上最多能养活多少人？（10分）

5. 天气逐渐变冷，牧场上的草以每天相同的速度减少。经计算，这片牧草可供20头牛吃5天，或可供16头牛吃6天。问：这片牧草可供8头牛吃几天？（10分）

6. 进入冬季后，牧场上的草开始枯萎，假设牧草每天均匀地减少。已知某片牧草可供38只羊吃25天，或者供30只羊吃30天。如果有20只羊，把草吃完需要多少天？（10分）

7. 天气逐渐变冷，牧场上的草不仅不生长，反而以固定的速度在减少。已知某片牧草可供 20 头牛吃 5 天，或者供 15 头牛吃 6 天。照此计算，可供多少头牛吃 10 天？（10 分）

8. 有甲、乙两块匀速生长的草地，甲草地的面积是乙草地面积的 3 倍。30 头牛 12 天能吃完甲草地上的草，20 头牛 4 天能吃完乙草地上的草。问：几头牛 10 天能同时吃完两块草地上的草？（10 分）

9. 有一牧场，17 头牛 30 天可将草全部吃完，19 头牛 24 天也可将草全部吃完。现有若干头牛，吃了 6 天后，卖掉了 4 头牛，余下的牛再吃 2 天便将草全部吃完。问：原来有多少头牛？（假设草每天匀速生长）（20 分）

10. 一个水池装有 1 根进水管和 3 根出水管。先打开进水管，等水池存了一些水后，再打开出水管。如果同时打开 2 根出水管，那么 8 分钟后可放完水池里的水；如果同时打开 3 根出水管，那么 5 分钟后便能放完。问：出水管比进水管晚开了多少分钟？（20 分）

得分：_____

【考考自己】答案

1. 10分钟。

设每台水泵每分钟的抽水量是1。

（1）3台水泵40分钟的抽水量：$3 \times 40 = 120$；

（2）6台水泵16分钟的抽水量：$6 \times 16 = 96$；

（3）第一次比第二次多抽的水量：$120 - 96 = 24$；

（4）第一次比第二次多抽的时间：$40 - 16 = 24$（分）；

（5）每分钟涌出的泉水折算成需要水泵的台数：$24 \div 24 = 1$（台）；

（6）井里原有的水量：$120 - 40 \times 1 = 80$；

（7）9台水泵中有1台抽不断涌出的泉水，其余8台抽井里原有的水，则把井水抽干所需的时间是：$80 \div 8 = 10$（分）。

2. 15天。

设每头牛每天的吃草量是1。

（1）3头牛9天的吃草量：$9 \times 3 = 27$；

（2）5头牛5天的吃草量：$5 \times 5 = 25$；

（3）牧场每天新长出的草量：$(27 - 25) \div (9 - 5) = 0.5$；

（4）牧场原有的草量：$27 - 0.5 \times 9 = 22.5$；

（5）由于2头牛每天需要的吃草量是2，而每天新长出的草量是0.5，因此原有的草以每天$(2 - 0.5) = 1.5$的速度减少，所以够吃$22.5 \div 1.5 = 15$（天）。

3. 5天。

设1头牛1天的吃草量为1。

（1）10头牛20天的吃草量：$10 \times 20 = 200$；

（2）15头牛10天的吃草量：$15 \times 10 = 150$；

（3）牧场每天新长出的牧草量：$(200 - 150) \div (20 - 10) = 5$；

（4）这片牧场原有的牧草量：$200 - 5 \times 20 = 100$；

（5）可供25头牛吃的天数：$100 \div (25 - 5) = 5$（天）。

4. 75亿人。

设1亿人生活1年所用资源量为1。

（1）110亿人生活90年所需资源量：110×90＝9900；

（2）90亿人生活210年所需资源量：90×210＝18900；

（3）每年新生资源量：（18900－9900）÷（210－90）＝75。

因此，为了使人类能够不断繁衍生息，地球上最多能养活75亿人，一旦超过这个人数，地球资源将会逐渐减少，直至枯竭。

5. 10天。

这题是"牛吃草"问题的变式，每天草量不增反减。设每头牛每天的吃草量为1。

（1）20头牛5天的吃草量：20×5＝100；

（2）16头牛6天的吃草量：16×6＝96；

（3）牧场上每天减少的草量：（100－96）÷（6－5）＝4；

（4）牧场上原有的草量：100＋4×5＝120（或96＋4×6＝120）；

（5）每天减少的4份，相当于草量不减少的情况下，4头牛一天的吃草量，因此可求得8头牛可以吃的天数：120÷（8＋4）＝10（天）。

6. 40天。

设每只羊每天的吃草量为1。

（1）38只羊25天的吃草量：38×25＝950；

（2）30只羊30天的吃草量：30×30＝900；

（3）每天因枯萎减少的草量：（950－900）÷（30－25）＝10；

（4）牧场上原有的草量：950＋10×25＝1200（或900＋10×30＝1200）；

（5）每天减少10份，相当于在草不枯萎的情况下，另有10只羊一天吃的草量。因此可求出20只羊可以吃的天数：1200÷（20＋10）＝40（天）。

7. 10天。

设1头牛1天的吃草量为1份。

（1）20头牛5天的吃草量：20×5＝100；

（2）15头牛6天的吃草量：15×6＝90；

（3）牧场每天减少的牧草量：（100－90）÷（6－5）＝10；

（4）这片牧场原有的牧草量：100＋10×5＝150（或90＋10×6＝150）；

（5）可供吃10天的牛的头数：（150－10×10）÷10＝5（头）。

8. 44头。

这题是"牛吃草"问题的变式。根据已知条件，甲草地的面积相当于3块乙草地，于是可以将甲草地平均分成3份，每10头牛安排在其中1份草地上，均用12天吃完。设每头牛每天的吃草数为1。

（1）10头牛12天的吃草量：30÷3×12＝120；

（2）20头牛4天的吃草量：20×4＝80；

（3）草地每天新生草量：（120－80）÷（12－4）＝5；

（4）乙草地原有的草量：80－5×4＝60；

（5）甲、乙两块草地原有的草量之和：60×（3＋1）＝240；

（6）10天吃完所有草需要牛的头数：240÷10＋5×（1＋3）＝44（头）。

9. 40头。

设每头牛每天的吃草量为1。

（1）每天新生草量：（17×30－19×24）÷（30－24）＝9；

（2）牧场原有草量：（17－9）×30＝240；

（3）假设把卖掉的4头牛牵回，牛在外2天吃的草也带回，则8天吃草量共计：240＋9×8＋4×2＝320；

（4）原有牛的头数：320÷8＝40（头）。

10. 40分钟。

设每根出水管每分钟排水量为1。

（1）2根出水管8分钟的排水量：2×8＝16；

（2）3根出水管5分钟的排水量：3×5＝15；

（3）进水管每分钟的进水量：$(16-15)÷(8-5)=\frac{1}{3}$；

（4）水池原有水量：$\left(16-8×\frac{1}{3}\right)=\frac{40}{3}$；

（5）打开出水管前，水池进水时间：$\frac{40}{3}÷\frac{1}{3}=40$（分）。

第十四讲　学会操作与实践

一、提出问题

数学活动课上，老师拿出一个空瓶子，让同学们计算它的容积，这下可难住了大家。瓶子的下面部分可看成直圆柱，容易算，可上面部分既不是圆柱又不是圆锥，该怎么计算呢？同学们都陷入了沉思。这时，老师在空瓶中倒入一部分水，并拧紧瓶盖，将瓶子倒转过来。同学们恍然大悟，纷纷举起了手。

在日常学习和生活中，许多问题光凭观察是很难找到解决办法的，还需要我们多动手操作，在实践中积累解决问题的智慧。

二、我先试试

请将下图分成面积相等、形状相同的四个图形，要求每一个图形都含有"数学好玩"字样。

好	数	好	玩
玩	数	学	学
学	好	玩	好
学	数	玩	数

【分析与解答】

因为所分成的每一个图形中都含有四个小正方形，所以分成的图形只有下面 5 种形状。

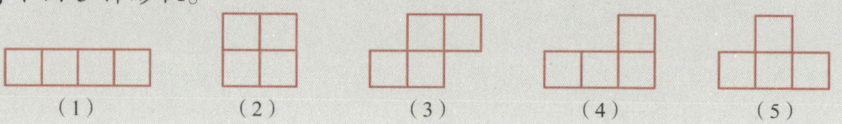

（1）　　（2）　　（3）　　（4）　　（5）

根据图中汉字的具体位置,可发现(1)(2)明显不符合;进一步分析可以找到由(3)(4)(5)组成的符合条件的答案:

三、思路点拨

【例1】某建筑工地使用的砖块长24厘米,宽12厘米,高5厘米。取四块这样的砖,问:怎样堆放这四块砖,才能使它们拼成的图形的表面积最大?怎样堆放表面积最小?最大和最小表面积各是多少平方厘米?

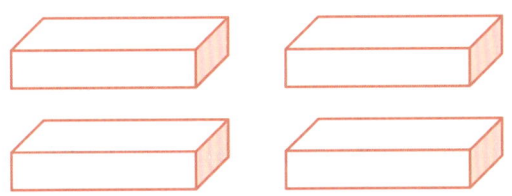

【分析与解答】

同学们,你不妨找四块砖试一试。如果没有砖块,也可以取四本同样大小的书本试一试。你堆放的几种形状和下面的一样吗?

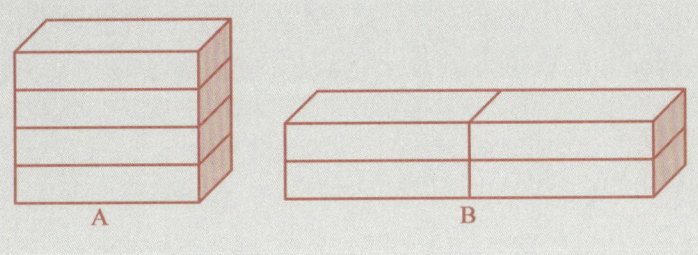

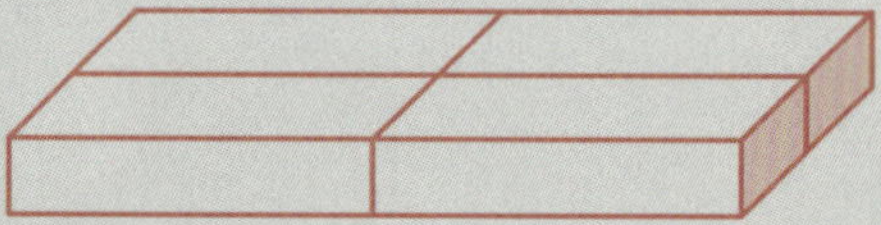

虽然形状摆出来了，但是拼合的方法各不相同，要一一算出也是比较复杂的。有没有更便捷的方法呢？

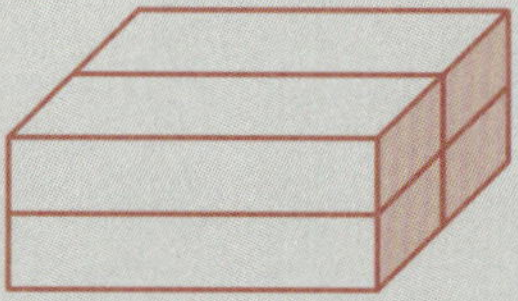

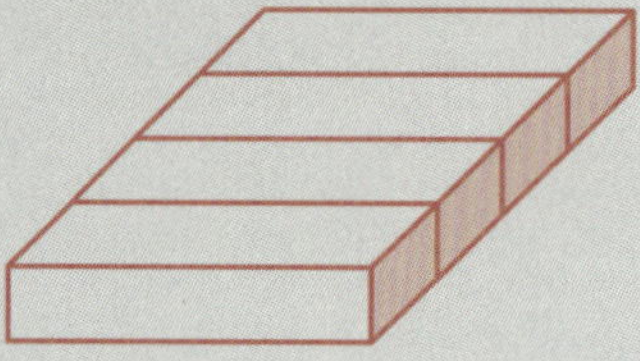

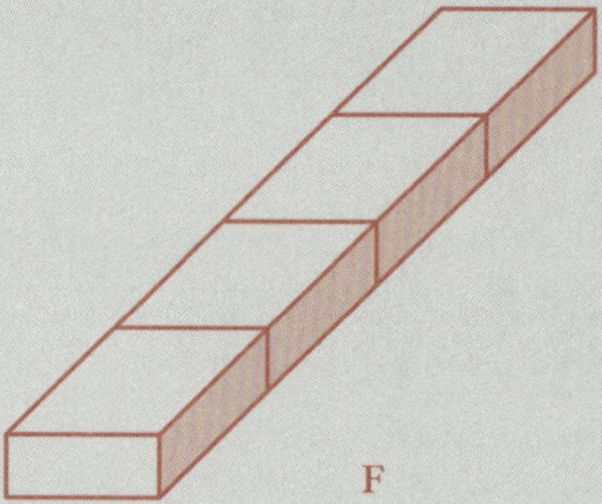

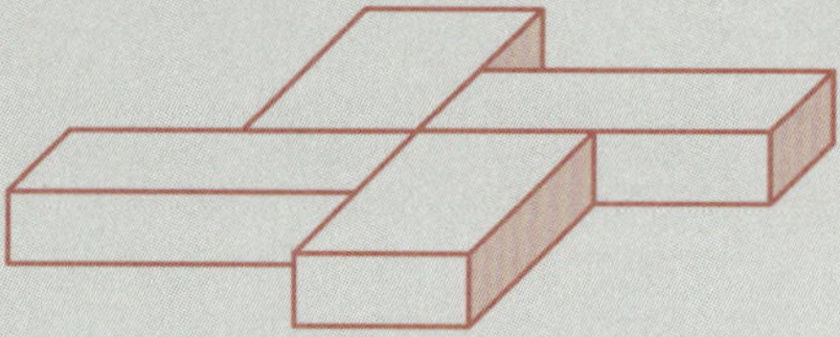

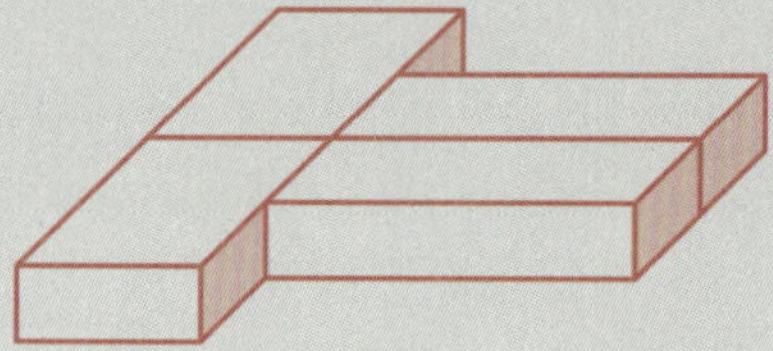

我们发现，如果四块砖不拼合在一起，那么它们的表面积之和是：
$(24×12×2+12×5×2+24×5×2)×4=3744$（平方厘米）。

要想算出怎样堆放时的表面积最大，只要算一算四块砖中被"遮住"的面的面积之和是多少就行了，被遮在里面的面积越大，这种形状的表面积就越小。

形状A被"遮住"的面积是：$24×12×6=1728$（平方厘米）；

形状 B 被"遮住"的面积是：24×12×4 + 12×5×4 = 1392（平方厘米）；

形状 C 被"遮住"的面积是：24×5×4 + 12×5×4 = 720（平方厘米）；

形状 D 被"遮住"的面积是：24×12×4 + 24×5×4 = 1632（平方厘米）；

形状 E 被"遮住"的面积是：24×5×6 = 720（平方厘米）；

形状 F 被"遮住"的面积是：12×5×6 = 360（平方厘米）；

形状 G 被"遮住"的面积是：12×5×8 = 480（平方厘米）；

形状 H 被"遮住"的面积是：12×5×6 + 24×5×2 = 600（平方厘米）。

现在，我们马上就可以知道，如 F 那样堆放的形状，它的表面积是最大的；而如 A 那样堆放的形状，它的表面积是最小的。

因此，最大表面积 = 3744 − 360 = 3384（平方厘米）；最小表面积 = 3744 − 1728 = 2016（平方厘米）。

我来回头讲思路。

【例2】移动"汉诺塔"

如下图，准备一块小木板，在木板上钉上三根小木棒，同时准备 4 个大小不一的圆板，把它们由大到小依次套在小木棒 A 上。现在请你移动圆板，将它们从 A 木棒移到 B 木棒上。要求一次只能移动一块圆板，并且小圆板必须在大圆板上面，不能倒置。问：至少要进行多少次移动？如果有 n 个圆板呢？

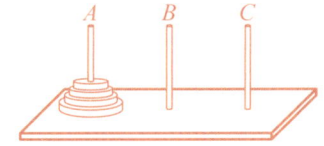

【分析与解答】

由于圆板数量较多,因此可采用"以退为进"的方法,即由简单情况开始尝试。

首先考虑 2 个圆环的情况,容易发现只要移动 3 次即可。

然后考虑 3 个圆环的情况,通过操作,发现 7 次是最少移动次数。

接着考虑 4 个圆环的情况,操作过程如下表所示。(圆环从小到大分别用 1、2、3、4 来表示,0 表示此棒暂时没有圆环)可见,最少要移动 15 次。

次数	A 棒	B 棒	C 棒
1	432	0	1
2	43	2	1
3	43	21	0
4	4	21	3
5	41	2	3
6	41	0	32
7	4	0	321
8	0	4	321
9	0	41	32
10	2	41	3
11	21	4	3
12	21	43	0
13	2	43	1
14	0	432	1
15	0	4321	0

其实,数学家已经证明,若有 n 个圆板,则至少要作 2^n-1 次移动才行。

我来回头讲思路。

【例3】在日常生活中，装液体的容器往往做成圆柱形的，如汽油桶、水桶、热水瓶等。这是什么道理呢？

如右图，有两种容器，一种是长方体（上、下底面为正方形），一种是圆柱。假设它们都是有盖的，且底面周长都是31.4厘米，高都是15厘米。那么，是做成长方体更节省材料，还是做成圆柱更节省材料呢？

【分析与解答】

要回答这个问题，我们需要先分别算一算它们的表面积和体积，再进行比较。

对于长方体，它的底面边长是 $31.4 \div 4 = 7.85$（厘米）；对于圆柱，它的底面半径是 $31.4 \div 3.14 \div 2 = 5$（厘米）。做一个长方体容器所需的材料为：$31.4 \times 15 + 7.85 \times 7.85 \times 2 = 471 + 123.245 = 594.245 \approx 594$（平方厘米）；做一个圆柱容器所需的材料为：$31.4 \times 15 + 5 \times 5 \times 3.14 \times 2 = 628$（平方厘米）。

所以，圆柱容器比长方体容器用料多，$(628 - 594) \div 594 \approx 5.7\%$，即大约多5.7%。

长方体容器的容积是 $15 \times 7.85 \times 7.85 = 924.3375 \approx 924$（立方厘米）；圆柱容器的容积是 $5 \times 5 \times 3.14 \times 15 = 1177.5 \approx 1178$（立方厘米）。

所以，圆柱容器的容积比长方体容器的容积大，$(1178 - 924) \div 924 \approx 27.5\%$，即大约大27.5%。

通过上面的计算，我们不难发现，当用来做圆柱容器的材料（表面积）比用来做长方体容器的材料多一点时，其容积却大了许多。这充分说明，当使用同样多的材料时，做成圆柱比做成长方体能容纳更多的液体。反过来说，当我们已经知道需容纳液体的体积时，做成圆柱容器比做成长方体容器更节省材料。

现在，同学们应该知道存放液体的容器大多要做成圆柱的数学道理了吧。

我来回头讲思路。

【找出规律】
　　对于操作题,最关键的就是要多动手、多实践。如果我们缺少操作的工具(或器具),可以找一些其他用具来代替,或利用图示法,在草稿纸上进行模拟性操作,这对解决问题也是很有帮助的。

四、考考自己

　　1. 某商场采购员到手表厂批发了 10 箱全钢手表,提货时由于保管员粗心大意,误将 1 箱半钢手表混了进去。全钢手表与半钢手表的外形、颜色一模一样,只是不一样重。全钢手表每只重 100 克,半钢手表每只重 90 克。你能不能只称一次,将 1 箱半钢手表从 10 箱中找出来?(10 分)

　　2. 有一个装有水的直圆柱桶。甲说桶里的水多于半桶,乙说水少于半桶。在没有任何测量工具的情况下,你能证明谁的判断对吗?(10 分)

3. 有一条席子，长 6.48 米，宽 3.34 米，把它卷成筒状（圆柱）做成一个围粮食的围栏（围成时重叠部分长 20 厘米）。下面两种围法中，哪种围法盛粮更多呢？

围法一：把长边作为圆柱的高；

围法二：把短边作为圆柱的高。（20 分）

（提醒：一定要减去重叠部分）

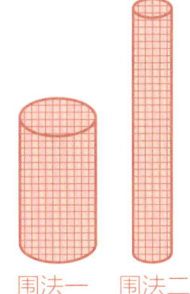

围法一　围法二

4. 有 4 张同样大小的长方形硬纸，长 16 厘米，宽 10 厘米。将它们作为侧面，分别围出一个几何体，再配上一个底面，这样可以做成四种不同的容器甲、乙、丙、丁。前两个是长方体，后两个是圆柱。

其中，甲容器以长为底面周长，以宽为高，做成底面是正方形的长方体纸盒；乙容器以宽为底面周长，以长为高，也做成底面是正方形的长方体纸盒；丙容器以长为底面周长，以宽为高，做成圆柱形纸盒；丁容器以宽为底面周长，以长为高，也做成圆柱形纸盒。

比一比，哪一个容器的容积最大？（可用计算器计算，结果保留一位小数）（20 分）

5. 超市出售某种饮料，规定每5个空瓶可以换1瓶饮料。明明买了20瓶该种饮料，一共可以换得多少瓶新的饮料呢？（10分）

6. 有容量为16升、7升、5升的三个容器，其中16升的容器里装满了水，7升、5升的为空容器。你能用这三个容器分出两份8升的水吗？（10分）

我来挑战！

7. 如右图，有一块上下面为正方形的长方体蛋糕，顶面和四侧都涂了薄薄的一层糖（厚度忽略不计），顶面的中央有一颗樱桃。

现在请你将这块蛋糕平均分给若干人，要求所切的平面都与底面垂直，且从顶面看下来，每一次切下时都正好触及中央的樱桃。这里所指的"平均"包括两方面：一是每块蛋糕的体积要相等，二是每块蛋糕上涂糖的面积也要相等。

如果把蛋糕分给7个人，应该怎么切呢？要分给任意多的人，又该怎么切呢？你能想出一个好办法吗？（20分）

8. 请你将一张正方形纸剪成某种形状,使它折起来能将一个尽可能大的正方体表面全部遮住(底面不计入)。在剪的过程中,你当然可以丢掉若干废料,但规定用来遮正方体的那部分纸不能剪断,必须连成一体。(20分)

得分:_____

【考考自己】答案

1. 将10箱手表从1到10编号,然后第一箱取1只,第二箱取2只,第三箱取3只,……,第十箱取10只,共取出55只手表。若这55只手表都是全钢表,则它们一共重5500克。若称得结果比5500克少10克,则说明55只手表中有1只半钢手表,所以第一箱是半钢手表;若少20克,则有2只半钢手表,即第二箱是半钢手表。以此类推,就能找出哪一箱是半钢手表。

2. 方法是把这个直圆柱桶倾斜至水要溢出为止。这时,看看桶里的液面是不是正好在桶底和桶侧面的交界处。如果是,说明正好是半桶;如果液面在桶底,说明少于半桶;如果液面在桶侧面,说明多于半桶。

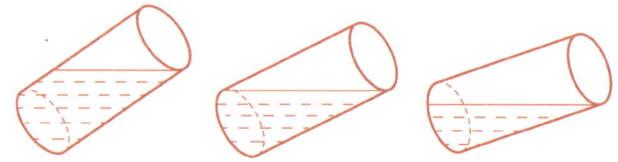

3. 底面和高相差较小的盛粮更多,即围法一盛粮更多。

围法一的容积是 $[(6.48-0.2)\div 3.14\div 2]^2\times 3.14\times 3.34=10.4876$(立方米);围法二的容积是 $[(3.34-0.2)\div 3.14\div 2]^2\times 3.14\times 6.48=5.0868$(立方米)。所以,围法一盛粮更多。

4. 丙容器的容积最大。

根据题意,可分别算出四种容器的容积如下:

甲容器的容积:$(16\div 4)^2\times 10=160$(立方厘米);

乙容器的容积:$(10\div 4)^2\times 16=100$(立方厘米);

丙容器的容积:$3.14\times \left(\dfrac{16}{3.14\times 2}\right)^2\times 10\approx 203.8$(立方厘米);

丁容器的容积:$3.14\times \left(\dfrac{10}{3.14\times 2}\right)^2\times 16\approx 127.4$(立方厘米)。

从上面的计算可以看出:丙容器的容积最大,它是以长16厘米为底面周长,以宽10厘米为高做成的圆柱。这与第3题的结果是一致的,即用较长的边为底、稍短的边为高制成圆柱形容器,利用率最高。

5. 5瓶。

可以这样想：先喝完20瓶饮料，得到的空瓶可以换4瓶饮料；再将新换的4瓶喝完，并向超市借1个空瓶，这样一共有5个空瓶，又可以换1瓶饮料；喝完后，将空瓶归还给超市。这样一共可以换的饮料数量为20÷5＋（4＋1）÷5＝5（瓶）。

6. 可以分得两份8升的水，具体过程列表如下：

容器	次数															
	0	1	2	3	4	5	6	7	8	9	10	11	12	13	14	15
16升	16	9	9	14	14	7	7	12	12	5	5	10	10	15	15	8
7升	0	7	2	2	0	7	4	4	0	7	6	6	1	1	0	7
5升	0	0	5	0	2	2	5	0	4	4	5	0	5	0	1	1

7. 我们可以先设想比较简单的情况。先顺着顶面的对角线切下去，把蛋糕分成相等的四块，再把这四块排成一行，使涂糖的侧面在一个平面上。然后，只要把相当于正方形周长的那根基线分成相等的七份，就找到了进刀的七个点。再将中心点与进刀的七个点连成线，就可以把蛋糕平均分成七份了。

如图1，A、C、E、G四份蛋糕中，每份的顶面都是一个三角形，且高相等（等于正方形边长的一半），底相等，所以面积相等，进而体积相等。而B、D、F的顶面虽然被分割成了两个三角形，但拼起来仍与上述四个三角形相等。

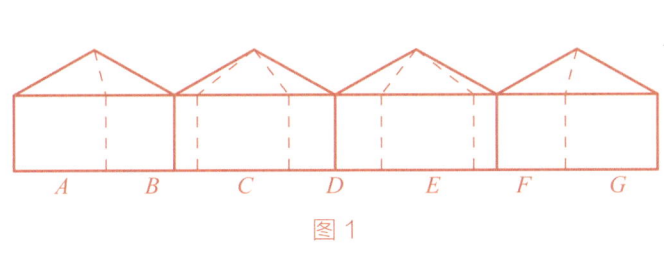

图1

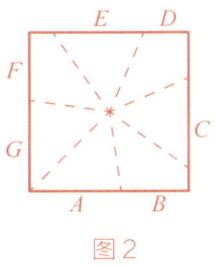

图2

由此可见，把正方形周长作为基线分成任意多等份是很方便的，因此可以说，把蛋糕分成任意多份也是很方便的事。

8. 剪的方法如右图所示，留下图中阴影部分，并沿着图中的线段弯折90°，就可以用它将一个正方体全部遮住，这是它能遮住的最大正方体了。

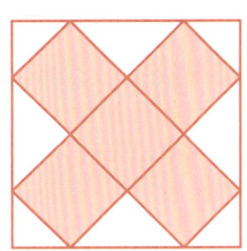

下篇
"数学大王"挑战赛

第一场

（每题 6 分，共 120 分）

1. 如果 $\frac{2014}{2015} \times 2016 = \frac{2014}{2015} + x = 2015 - y$ 成立，那么 $x = ($)，$y = ($)。

2. 在一个长、宽、高分别为 50 厘米、40 厘米、60 厘米的长方体水箱中装有 A、B 两个进水管，先开 A 管，过一段时间后两管齐开。下面的折线统计图表示随时间推移水面的上升情况。

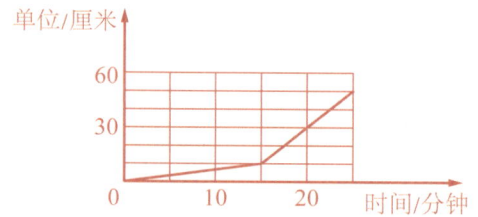

（1）（   ）分钟后，A、B 两管同时开放。

（2）A、B 两管同时进水，每分钟进水（   ）立方厘米。

3. 某市文化宫举办小学生画展，展出了许多幅画。其中，有 26 幅画不是六年级的，有 25 幅画不是五年级的。已知五、六年级共展出 37 幅画，其他年级共展出（   ）幅画。

4. 在循环小数 $0.1\dot{2}3456789\dot{}$ 中，将"1"上方表示循环节的圆点移动到新的位置，使新的循环小数的小数点后第 2011 位上的数字是 6，则新的循环小数是（   ）。

5. 一条项链上共有 99 颗珠子，如下图所示，其中第 1 颗珠子是白色的，第 2、3 颗珠子是红色的，第 4 颗珠子是白色的，第 5、6、7、8 颗珠子是红色的，第 9 颗珠子是白色的……则这条项链中共有红色珠子（   ）颗。

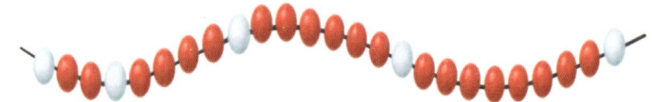

6. 自然数 a 和 b 的最小公倍数是 140，最大公约数是 5，则 a + b 的最大值是（ ）。

7. 三只蚂蚁外出觅食，发现一堆粮食并准备运回蚁洞。根据下图中的信息计算，如果甲、乙、丙三只蚂蚁共同搬运这堆粮食，那么蚂蚁乙搬运粮食（ ）粒。

8. 一排长椅共有 90 个座位，其中一些座位已经有人就座了。这时，又来了一个人要坐在这排长椅上，有趣的是，他无论坐在哪个座位上，都与已经就座的某个人相邻。原来至少有（ ）人已经就座。

9. 五个数的平均数是 30，若把其中一个数改为 40，则平均数是 35，这个改动的数原来是（ ）。

10. 某班原来男生人数是女生人数的 $\frac{2}{3}$，转来 1 名男生后，男生人数是女生人数的 $\frac{7}{10}$，现在全班有（ ）人。

11. 王大妈买了一套售价为 32 万元的普通商品房。如果选择一次性付清房款，那么可以按九六折优惠价付款。另外，买这套房子还需按照实际房价的 1.5% 缴纳契税。算一算，王大妈买下这套房子至少需要准备（ ）元。

12. 某校乒乓球队与篮球队人数的比是 7∶3，如果从乒乓球队派 8 人到篮球队，那么乒乓球队与篮球队人数的比就变为 3∶2。该校原来乒乓球队有（ ）人，篮球队有（ ）人。

13. $2004^2 + 2003^2 + 2002^2 + 2001^2 + 2000^2 - 1999^2 - 1998^2 - 1997^2 - 1996^2 - 1995^2 = $（ ）。

14. 甲、乙、丙、丁四人比较身高。甲说：我最高。乙说：我不是最矮的。

丙说：我没有甲高，但还有人比我矮。丁说：我最矮。实际测量表明，只有一人说错了。那么，四人从高到矮排在第二位的是(　　　)。

15. 三个相邻奇数的积为一个五位数2***3，这三个奇数中最小的是(　　　)。

16. 有三个完全一样的长方体木块，每块长8分米，宽5分米，高3分米。要把它们粘成一个大长方体，这个长方体的表面积最大是(　　　)平方分米，最小是(　　　)平方分米。

17. 一家企业有90%的员工工作超过2年，80%的员工喜欢读书，60%的员工是基层员工。那么，这家企业喜欢读书的员工中至少有(　　　)%工作超过2年；基层员工中至少有(　　　)喜欢读书(填一个分数)。

18. 图1、图2都是由完全相同的小正方形拼成的，并且图1的周长是22厘米，那么图2的周长是(　　　)厘米。

图1

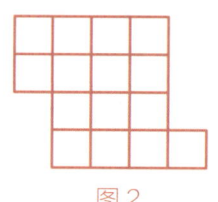

图2

19. 五(1)班有学生38人，他们住在同一条街的同一侧；他们家的门牌号分别是7号、17号、27号、37号、47号、……、357号、367号、377号。把这些门牌号数相乘，所得的积的个位数字是(　　　)。

20. 方格纸(右图)上有一只小虫，从直线AB上的一点O出发，沿方格纸上的横线或竖线爬行。方格纸上每一小段的长度为1厘米。小虫爬过若干小段后仍然在直线AB上，但不一定回到点O。如果小虫一共爬过2厘米，那么小虫的爬行路线有(　　　)种；如果小虫一共爬过3厘米，那么小虫的爬行路线有(　　　)种。

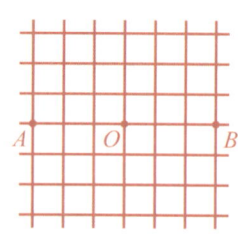

第二场

(每题6分, 共120分)

1. 用火柴棒按下图方式搭小鱼,搭1条小鱼需要8根,搭2条小鱼需要14根,搭3条小鱼需要20根……搭 n 条这样的小鱼需要(　　)根火柴棒,搭20条这样的小鱼需要(　　)根火柴棒。

2. 如右图,将5个完全相同的小长方形拼成一个大长方形,拼成的大长方形的长与宽的比是(　　)。

3. 一件商品降价出售,如果按现价降10%,仍可盈利180元;如果按现价降20%,就要亏损240元。这件商品的现价是(　　)元,进价是(　　)元。

4. 右图是由三个正方体木块黏合而成的模型,它们的棱长分别为1米、2米和4米。如果在模型表面涂刷油漆,大正方体的底面不涂油漆,那么涂刷油漆的面积是(　　)平方米。

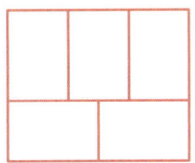

5. 人口普查员站在王阿姨家门前问王阿姨:"您的年龄是40岁,您家里三个亲戚家孩子的年龄各是多少岁?"王阿姨说:"他们年龄的乘积等于我的年龄,他们年龄的和等于我家的门牌号。"普查员看了看门牌,说:"我还是不能确定他们的年龄。"那么,王阿姨家的门牌号是(　　)。

6. 196名学生按编号从1到196顺次排成一列。令奇数号位(1,3,5……)的学生离队,余下的学生顺序不变,重新自1从小到大编号,再令新编号中奇数号位的学生离队。依次重复上面的做法,最后留下一位学生。这位学生的初始编号是(　　)。

7. 一批饲料可供 10 只鸭子和 15 只鸡一起吃 6 天，或供 12 只鸭子和 6 只鸡一起吃 7 天。这批饲料可供（　　）只鸭子吃 21 天。

8. 有 80 名战士要过一座 281 米长的大桥，每 4 人排一横行，每行之间相距 1 米，战士们前进的速度是每秒 4 米，这支队伍从上桥到下桥，共需要（　　）分钟。

9. 甲、乙两人同时从相距 2000 米的两地相向而行，甲每分钟行 55 米，乙每分钟行 45 米，如果一条小狗与甲同时同向而行，每分钟行 120 米，遇到乙后，立即回头向甲跑去，遇到甲再向乙跑去。这样不断来回，直到甲和乙相遇为止，那么这条小狗一共跑了（　　）米。

10. 如右图，将一块正方形木板的一边锯掉 8 厘米，一边锯掉 5 厘米，锯完后的面积比原来正方形面积少了 415 平方厘米。原来木板的边长是（　　）厘米。

11. $\left(88-\dfrac{1}{8}\right)\times\dfrac{1}{8}+\left(78-\dfrac{1}{8}\right)\times\dfrac{1}{8}+\left(68-\dfrac{1}{8}\right)\times\dfrac{1}{8}+\cdots+\left(18-\dfrac{1}{8}\right)\times\dfrac{1}{8}$ 的得数是（　　）。

12. 把一个高尔夫球打到半径为 12 米的圆形区域。假设高尔夫球落在该区域内各点的机会是均等的，而该区域内唯一的球洞离该区域的边缘至少 1 米，那么球的着地点与球洞的距离小于 1 米的可能性是（　　）。

13. 如图，一只电子青蛙在 8 等分的圆周上有规律地跳跃。开始跳跃时，电子青蛙在 A 点，以后依次跳到 B、C、D 点。从 A 点算起，第一次跳到 E 点要跳（　　）次。

14. 甲、乙都是两位数（甲不等于乙），将甲的十位数字与个位数字对调得丙（丙不等于甲），将乙的十位数字与个位数字对调得丁（丁不等于乙）；丙和丁的乘积等于甲和乙的乘积，而甲、乙两数各数位上的数字全为偶数，并且数字不完全相同（如不可以是 24 和 42），则甲、乙两数之和最大是（　　）。

15. 有三个一样大的桶，一个装有 100 升浓度为 60% 的酒精，一个装有

100升水，还有一个桶是空的。现在要配制成浓度为36%的酒精，只有5升和3升的空桶各一个可以作为量具（无刻度）。如果每一种量具至多用四次，那么最多能配制成浓度为36%的酒精（　　　）升。

16. 将自然数按如下表所示的规律排列。从排列规律可知，99排在第（　　　）行第（　　　）列。

	第1列	第2列	第3列	第4列	第5列	…
第1行	1	4	9	16	25	…
第2行	2	3	8	15	24	…
第3行	5	6	7	14	23	…
第4行	10	11	12	13	22	…
第5行	17	18	19	20	21	…
⋮	⋮	⋮	⋮	⋮	⋮	…

17. 园林工人要在周长为300米的圆形花坛边等距离地栽树。他们先沿着花坛的边每隔3米挖一个坑，当挖完30个坑时，突然接到通知，要求改为每隔5米栽一棵树。这样，他们还要挖（　　　）个坑才能完成任务。

18. 有形状、长短完全一样的红筷子、黑筷子、白筷子、黄筷子、紫筷子和花筷子各25根。在黑暗中至少应摸出（　　　）根筷子，才能保证摸出的筷子至少有8双（每两根同花色的筷子为一双）。

19. 女儿今年12岁。妈妈对女儿说："当你有我这么大岁数时，我已经60岁喽！"妈妈12岁时，是（　　　）年前。

20. 丁丁和宁宁各有一个盒子，里面都放着若干棋子，两个盒子里的棋子一共是270颗。丁丁从自己的盒子里拿出 $\frac{1}{4}$ 的棋子放入宁宁的盒子里后，宁宁盒子里的棋子数恰好比原来增加 $\frac{1}{5}$。原来丁丁有棋子（　　　）颗，宁宁有棋子（　　　）颗。

第三场

（每题6分，共120分）

1. 用黑、白两种正方形瓷砖拼成大的正方形图形，要求中间用白瓷砖，四周一圈用黑瓷砖（下图）。如果所拼的图形中用了400块白瓷砖，那么黑瓷砖用了（　　　）块；如果所拼的图形中用了400块黑瓷砖，那么白瓷砖用了（　　　）块。

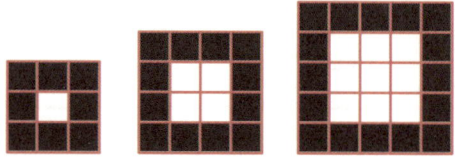

2. 把4个长3厘米、宽2厘米、高1.1厘米的小长方体拼成一个大长方体，下面4个大长方体中，表面积最小的是（　　　）。

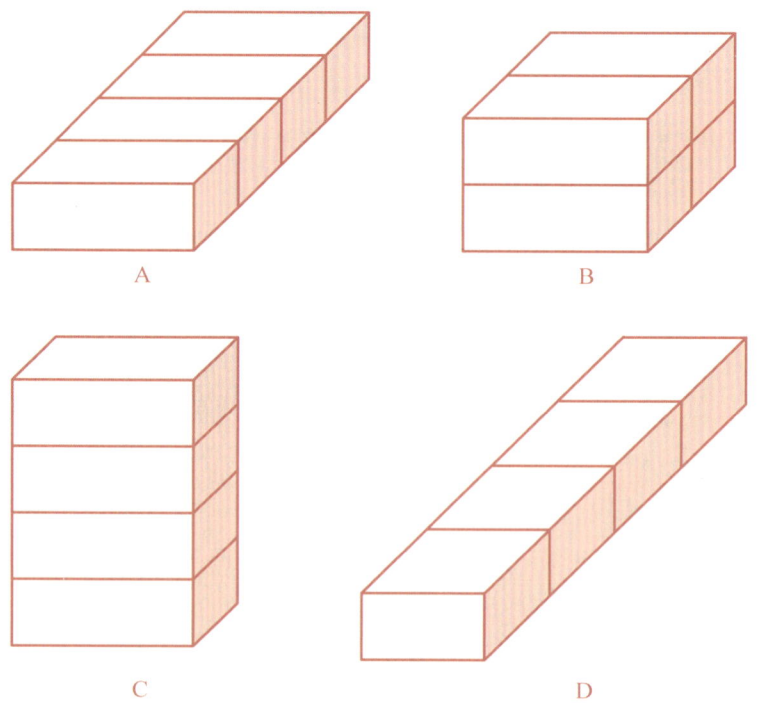

3. 校足球队要买 50 个足球,采购员咨询了甲、乙、丙三家商店,单价都是 25 元,但促销方式不同。请你帮采购员算一算,去(　　)店买比较合适。

甲店:买十送二;

乙店:打八折;

丙店:满 100 元返还现金 20 元。

4. 在墙角处用若干棱长为 1 厘米的小正方体塔成如右图所示的立体图形,这个立体图形的表面积(含左、后、下底面面积)等于(　　)平方厘米。

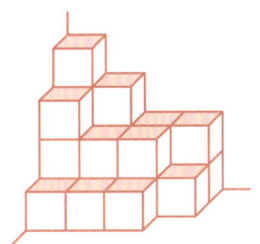

5. 如下图,一共有(　　)个长方形(不包含正方形)。

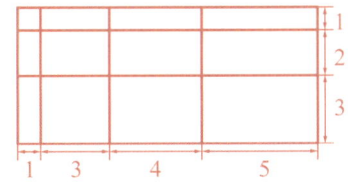

6. 比较大小:$\dfrac{77773}{77778}$ ○ $\dfrac{88884}{88889}$。

7. 小明家饲养的鸡与猪的数量之比为 26∶5,羊与牛的数量之比为 25∶9,猪与牛的数量之比为 10∶3。鸡、猪、牛和羊的数量之比是(　　　　)。

8. 某校五、六年级一共有学生 200 人。六一儿童节,五年级有 11 名学生,六年级有 25% 的学生去市里参加庆祝活动,这时两个年级余下的人数相等。六年级有(　　)名学生。

9. 一把钥匙开一把锁,现在有五把钥匙五把锁,最多试(　　)次可以打开所有锁。

10. 某数用6除余3，用7除余5，用8除余1，这个数最小是（　　）。

11. 把若干个长8厘米、宽6厘米、高2.5厘米的长方体木块放入内长20厘米、宽6厘米、高10厘米的长方体容器里（不能分割），最多可以放（　　）个这样的木块。

12. "重阳节"那天，某茶社来了25位老人品茶。他们的年龄恰好是25个连续自然数，两年以后，这25位老人的年龄之和正好是2000。其中，年龄最大的老人今年（　　）岁。

13. $1994 + \frac{1}{2} - 1\frac{1}{3} + 2\frac{1}{2} - 3\frac{1}{3} + 4\frac{1}{2} - 5\frac{1}{3} + \cdots + 1992\frac{1}{2} - 1993\frac{1}{3} =$ （　　）。

14. $a = 8.8 + 8.98 + 8.998 + 8.9998 + 8.99998$，$a$的整数部分是（　　）。

15. 学校分配学生宿舍。若每个房间住6人，则有34人没有床位；若每个房间住8人，则空出4个房间。学生宿舍有（　　）间，学生有（　　）人。

16. 小胡和小涂计算甲、乙两个两位数的乘积。小胡看错了甲数的个位数字，计算结果为1274；小涂看错了甲数的十位数字，计算结果为819。甲数是（　　）。

17. 一块空地上堆放了216块砖（右图），这个砖堆有两面靠墙。现在把这个砖堆的表面涂满石灰，被涂上石灰的砖共有（　　）块。

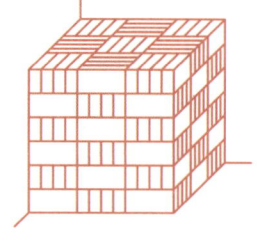

18. 小明和小亮各有一些玻璃球。小明说："你的玻璃球颗数比我少$\frac{1}{4}$。"小亮说："你要是能给我你的$\frac{1}{6}$，我就比你多2颗了。"小明有（　　）颗玻璃球。

19. 李老师从数学兴趣小组调出1名女生到英语兴趣小组后，剩下的学生中有$\frac{1}{7}$是女生。如果不调出这名女生，而是调出2名男生，那么剩下的学生中有$\frac{1}{5}$是女生。原来这个数学兴趣小组有（　　）名学生。

20. 一男一女两名运动员在一个环形跑道上练长跑，跑步速度都保持不变，男运动员比女运动员跑得稍快些。如果他们从同一起跑点同时出发，沿相反方向跑,那么每隔25秒钟相遇一次。现在,他们从同一起跑点同时出发,沿相同方向跑,经过13分钟男运动员第一次追上女运动员,追上时,女运动员已经跑了(　　　)圈。(圈数取整数)

第四场

(每题6分，共120分)

1. 为倡导节约用水，自2022年1月1日起，某市实施新收费标准，具体如下：每户每月用水量不超过20吨的，按每吨2.1元收取，超过部分则按每吨3.5元收取。

（1）王大妈家5月份交了水费56元，实际用水（　　）吨。

（2）实施新标准后，该市每天节水6000吨，如果每吨自来水的生产成本为1.2元，那么该市2024年将节约生产成本（　　）万元。

2. 一个高25厘米的圆柱形矿泉水瓶内部装满了水。小明喝了一些后，无水部分高13厘米，然后把瓶盖拧紧并倒置放平，无水部分高10厘米，瓶内直径是6厘米。这个矿泉水瓶的容积是（　　）立方厘米。

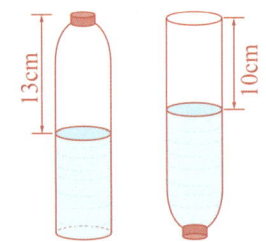

3. 一辆客车和一辆货车同时从甲、乙两地相向开出，5小时后相遇。相遇后两车仍按原速度前进，当它们相距196千米时，客车行驶了全程的60%，货车行驶了全程的80%。甲、乙两地两距（　　）千米，货车行驶完全程需要（　　）小时。

4. 如右图，每个圆圈内的汉字代表1~9中的一个数字，汉字不同，数字也不同，每个小三角形的三个顶点上的数字之和相等。若7个数字之和等于12，则"学"所代表的数字是（　　）。

5. 把一个棱长为10厘米的正方体分成两个完全相同的长方体，这两个长方体的表面积之和是（　　）平方厘米。

6. 甲、乙两人同时从 A 地出发前往 B 地。如果两人都匀速行进，那么甲用 4 小时走完全程，乙用 6 小时走完全程。当乙所剩路程是甲所剩路程的 4 倍时，他们已经出发了（   ）小时。

7. 某电子表在 6 时 20 分 25 秒时，显示 6:20:25，那么从 5 时到 6 时这 1 个小时里，此表显示的 5 个数字都不相同的情况共有（   ）种。

8. 学校锅炉房里原来存有大小两堆煤，一共重 24 吨，现给小堆煤加上 4 吨，从大堆煤里用去 $\frac{1}{4}$，两堆煤的质量正好相等。原来有大堆煤（   ）吨，小堆煤（   ）吨。

9. 一队少先队员乘船过河，如果每船坐 15 人，还剩 9 人，如果每船坐 18 人，刚好剩余 1 条船。一共有（   ）条船。

10. 将自然数 1—100 按顺序排成两行，画一个长方形，框出这两行中的六个数，且六个数的和为 432。那么框中最小的数是（   ）。

11. 某健身俱乐部男女会员的人数之比是 3：2，分为甲、乙、丙三个不同级别。已知甲、乙、丙级别人数之比是 10：8：7，甲组中男女人数之比是 3：1，乙组中男女人数之比是 5：3，那么丙组中男女人数之比为（   ）。

12. 某学校举办现场绘画比赛，按照下图方式摆放桌子和椅子供学生绘画使用。如果每把椅子坐一人，那么 1 张桌子可坐 6 人，2 张桌子可坐 10 人，……，n 张桌子可坐（   ）人。如果像这样摆 20 张桌子，那么可以坐（   ）人。

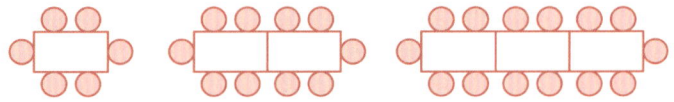

13. 右图中，共有（　　）个梯形。

14. 在等差数列 6，13，20，27，…中，第（　　）项是 1994。

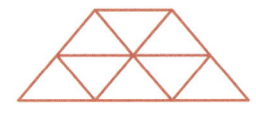

15. 在算式"（□□ − 7 × □）÷ 16 = 2"中，"□"代表同一个数字，这个数字是（　　）。

16. 有一张等腰直角三角形纸片（图 1），斜边 AB = 10 厘米。把∠A、∠B 向斜边中点 O 折叠，使 A、B 两点都与点 O 重合（图 2），再以 CO 为对称轴将其对折，得到一个梯形（图 3）。这个梯形的面积是（　　）平方厘米。

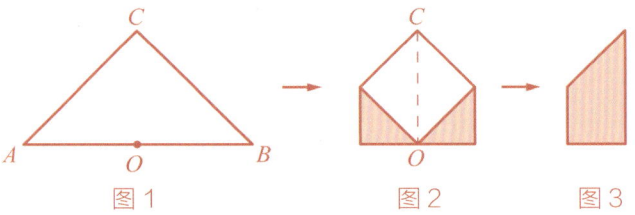

图 1　　　　图 2　　　　图 3

17. 有 2 张长 10 厘米、宽 3 厘米的长方形纸片，把它们按右图所示的方法交叠在一起，形成一个"十"字图形。它的周长是（　　），面积是（　　）。

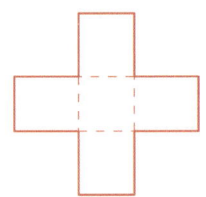

18. 两个自然数的最大公约数是 14，最小公倍数是 280，它们的和是（　　）。

19. 狗追狐狸，狗跳 1 次前进 1.8 米，狐狸跳 1 次前进 1.1 米，狗每跳 2 次时狐狸恰好跳 3 次。如果开始时狗落后狐狸 30 米，那么狗跳（　　）米才能追上狐狸。

20. 两人做游戏：轮流报数，报出的数只能是 1、2、3、4、5、6、7、8 中的一个。把两人报出的数连加起来，谁报数后连加的结果是 123，谁就获胜。如果要保证先报数的人获胜，那么第一个数应该报（　　）。

参考答案

第一场

1. 2014，$\frac{1}{2015}$。解题思路：因为 $\frac{2014}{2015} \times 2016 = \frac{2014}{2015} \times (2015 + 1) = 2014 + \frac{2014}{2015}$，所以 $2014 + \frac{2014}{2015} = \frac{2014}{2015} + x = 2015 - y$。因此，$x = 2014$，$y = 1 - \frac{2014}{2015} = \frac{1}{2015}$。

2. 15，8000。解题思路：从折线统计图中可以看出，第 15 分钟开始，进水速度发生变化，说明此时起两管齐开；进一步观察折线统计图，第 15 分钟至第 20 分钟水面高度上升了 20 厘米，即进水量增加了 $50 \times 40 \times 20 = 40000$（立方厘米），所以单位时间内进水量为 $40000 \div 5 = 8000$（立方厘米/分）。

3. 7。解题思路：$(25 + 26 - 37) \div 2 = 7$。

4. $0.1234\dot{5}678\dot{9}$。解题思路：根据题意，可先用 2011 减去不循环的小数位数，再除以循环节的位数，余数是几就表示这个循环节的第几位，这个数位上是几，第 2011 位上的数就是几。可假设循环小数为 $0.12345678\dot{9}$，$0.1234567\dot{8}\dot{9}$，…，$0.1\dot{2}34567\dot{8}9$，分别进行计算。发现当循环小数为 $0.1234\dot{5}678\dot{9}$ 时，不循环的小数位数有 4 位，循环节的位数有 5 位，$(2011 - 4) \div 5 = 401\cdots\cdots2$，余数 2 表示循环节的第 2 位上的数字，即 6，所以当循环小数为 $0.1234\dot{5}678\dot{9}$ 时，小数点后第 2011 位上的数字是 6。

5. 90。解题思路：根据题意，每段红色珠子的颗数依次为 2，4，6，8……，这是一个首项为 2、公差为 2 的等差数列。要求 99 颗珠子中有多少颗红色珠子，可以先假设白色珠子的颗数，再借助等差数列求和公式来计算。若白色珠子有 10 颗，则红色珠子共有 9 段，总颗数 = $[2 + (2 + 2 \times 8)] \times 9 \div 2 = 90$（颗），$90 + 10 - 99 = 1$（颗），去掉最后 1 颗白色珠子，正好符合题意。所以共有 90 颗红色珠子。

6. 145。解题思路：$140 = 2 \times 2 \times 5 \times 7$。因为 a、b 的最小公倍数是 140，所以 a、b 都是由 2、2、5、7 这四个质因数组合而成的；又因为 a、b 的最大公约数是 5，所以 a、b 都含有质因数 5，且其中一个就是 5。要取 $a + b$ 的最

大值,则另一个数要尽可能大,所以另一个数应该是140。那么,$a+b$ 的最大值就是 $5+140=145$。

7. 42。解题思路:$\frac{1}{6}-\frac{1}{10}=\frac{1}{15}$,$\frac{1}{8}-\frac{1}{15}=\frac{7}{120}$,甲、乙、丙的工作效率之比为 $\frac{1}{10}:\frac{7}{120}:\frac{1}{15}=12:7:8$。$24\div(12-8)\times 7=42$(粒)。

8. 30。解题思路:由题意可知,当这90个座位的第2,5,8,11,…,86,89上有人已经就座时,满足题意。则原来就座的人数至少有 $(89-2)\div 3+1=30$(人)。

9. 15。解题思路:改动后,5个数的平均数从30增大到35,说明五个数之和增加了 $5\times 5=25$,所以这个改动的数原来是 $40-25=15$。

10. 51。解题思路:$1\div\left(\frac{7}{10}-\frac{2}{3}\right)\times\left(1+\frac{7}{10}\right)=51$(人)。

11. 311808。解题思路:$32\times 0.96\times(1+1.5\%)=31.1808$(万元)$=311808$(元)。

12. 56,24。解题思路:$8\div\left(\frac{7}{10}-\frac{3}{5}\right)=80$(人),$80\times\frac{7}{10}=56$(人),$80\times\frac{3}{10}=24$(人)。

13. 250。解题思路:原式 $=(2004^2-1999^2)+(2003^2-1998^2)+(2002^2-1997^2)+(2001^2-1996^2)+(2000^2-1995^2)=50\times 5=250$。

14. 甲。解题思路:本题可以通过假设甲、乙、丙、丁分别是唯一说错话的人来进行推断。如果甲说错,那么乙、丙、丁都说对了,所以乙最高,甲、丙次之,丁最矮,即四人从高到矮排在第二位的是甲;如果乙说错,那么乙最矮,这与丁的话矛盾;如果丙说错,分两种情况,第一种是"我没有甲高"说错,那么丙比甲高,这与甲的话矛盾,第二种是"还有人比我矮"说错,那么丁最矮,这又与丁的话矛盾;如果丁说错,那么丁不是最矮的,而其余三人也不是最矮的,产生矛盾。

15. 27。解题思路:三个连续奇数相乘,它们的末位有五种可能的情况:① 1,3,5;② 3,5,7;③ 5,7,9;④ 7,9,1;⑤ 9,1,3。在这五种情况中,只有④的乘积末位是3。再根据积是一个五位数2***3,可以推算出这三个相邻奇数为 27, 29, 31, 其中最小的是 27。

16. 414, 314。解题思路参见第十四讲"思路点拨"例 1。

17. 87.5, $\frac{2}{3}$。解题思路：根据题意，可假设该企业共有员工 100 人（也可假设为 1000 人，10000 人……），那么，有 90 人工作超过 2 年，80 人喜欢读书，60 人是基层员工，也就是说，这家企业中 100 − 90 = 10 人工作不满 2 年，100 − 80 = 20 人不喜欢读书。因此，喜欢读书的 80 人中，最多有 10 人工作不满 2 年，从而他们当中至少有 80 − 10 = 70 人工作超过 2 年，70 ÷ 80 × 100% = 87.5%。同样的道理，是基层员工的 60 人中，最多有 20 人不喜欢读书，从而他们当中至少有 60 − 20 = 40 人喜欢读书，$\frac{40}{60} = \frac{2}{3}$。

18. 33。解题思路：图 1 的周长含 12 个"边长"，图 2 的周长含 18 个"边长"，图 2 的周长是图 1 的 18 ÷ 12 = 1.5 倍。22 × 1.5 = 33（厘米）。

19. 9。解题思路：7 的乘积的个位依次是 7、9、3、1、7、9、3、1……，38 ÷ 4 = 9……2，所以乘积的个位数字是 9。

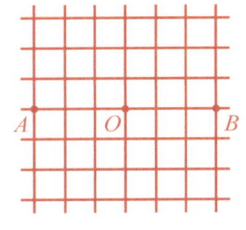

20. 6；20。解题思路：为了方便，下面的叙述中省去"上、下、左、右"4 个字前面的"向"字。

（1）小虫爬过 2 厘米，可有 6 种路线，分别是：左，右；右，左；上，下；下，上；左，左；右，右。（前 4 种路线均回到 O 点）

（2）小虫爬过 3 厘米，可有 20 种路线。其中，第一步为"上"或"下"的路线有 8 种，分别是：上，左，下；上，右，下；下，左，上；下，右，上；上，下，左；上，下，右；下，上，左；下，上，右。第一步为"左"或"右"的路线有 12 种，可转化为第（1）题，"左"和"右"各有 6 种路线。

因此，小虫的爬行路线一共有 8 + 6 × 2 = 20（种）。

第二场

1. 6n + 2, 122。解题思路：从图中可以看出，搭 1 条小鱼需要 8 根火柴棒，搭2条小鱼需要8+6=14根火柴棒，搭3条小鱼需要8+6×2=20根火柴棒，因此火柴棒的数量是一个首项为8、公差为6的等差数列，根据等差数列相关公式即可求解。

2. 6∶5。解题思路：不妨设小长方形的长为 a，宽为 b。观察发现，三个小长方形的长等于两个小长方形的宽，即 $3b = 2a$，$a = 1.5b$，那么长方形的长与宽之比为 $2a : (a + b) = 3b : 2.5b = 6 : 5$。

3. 4200，3600。解题思路：根据已知条件，这件商品降价10%和降价20%相差（180 + 240）= 420（元），所以现价是420 ÷ (20% − 10%) = 4200（元），进价是4200 × (1 − 10%) − 180 = 3600（元）。

4. 100。解题思路：4 × 4 × 5 + 2 × 2 × 4 + 1 × 1 × 4 = 100（平方米）。

5. 14。解题思路：根据王阿姨的回答，三个亲戚家孩子的年龄有5种可能的组合：（1）1岁、2岁、20岁；（2）1岁、4岁、10岁；（3）1岁、5岁、8岁；（4）2岁、2岁、10岁；（5）2岁、4岁、5岁。而普查员不能结合门牌号确定三个孩子的年龄，说明三人的年龄之和对应多种可能的组合，在以上5种组合中，（3）和（4）的年龄和都是14，即为答案。

6. 128。解题思路参见第八讲"考考自己"第8题。

7. 5。解题思路：设1只鸭子每天吃饲料 x，1只鸡每天吃饲料 y，则这批饲料可以表示成 $(10x + 15y) × 6$ 或者 $(12x + 6y) × 7$，根据题意可得：$(10x + 15y) × 6 = (12x + 6y) × 7$，由此即可求得1只鸭与1只鸡每天吃的饲料之间的数量关系：$x = 2y$，从而得出这批饲料一共有 $(12x + 6y) × 7 = 15x × 7 = 105y$，$105y ÷ 21 = 5$（只）。因此这批饲料可供5只鸭子吃21天。

8. $\dfrac{5}{4}$。解题思路：281 + 80 ÷ 4 − 1 = 300（米），300 ÷ 4 ÷ 60 = $\dfrac{5}{4}$（分）。

9. 2400。解题思路：因为这条小狗奔跑的时间和甲、乙行的时间相同，也就是2000 ÷ (55 + 45) = 20（分），所以它一共跑了120 × 20 = 2400（米）。

10. 35。解题思路：(415 + 5 × 8) ÷ (8 + 5) = 35（厘米）。

11. $52\dfrac{7}{8}$。解题思路：原式 = $88 × \dfrac{1}{8} - \dfrac{1}{8} × \dfrac{1}{8} + 78 × \dfrac{1}{8} - \dfrac{1}{8} × \dfrac{1}{8} + \cdots +$

$18 \times \dfrac{1}{8} - \dfrac{1}{8} \times \dfrac{1}{8} = (88 + 78 + \cdots + 18) \times \dfrac{1}{8} - \dfrac{1}{8} \times \dfrac{1}{8} \times 8 = 53 - \dfrac{1}{8} = 52\dfrac{7}{8}$。

12. $\dfrac{1}{144}$。解题思路：$\pi \times 1^2 \div \pi \times 12^2 = \dfrac{1}{144}$。

13. 7。解题思路：A 到 B、B 到 C、C 到 D，电子青蛙每次跳了 5 格。所以跳的次数一定是 5 的倍数。又知，E 点在起点 A 之后 3 格，一圈共 8 格，所以跳的格数又应该是 8 的倍数 + 3。比 8 的倍数多 3 的数依次是：11、19、27、35、43……其中 35 是 5 的倍数，此时跳了 $35 \div 5 = 7$（次）。

14. 108。解题思路：设甲为 ab，乙为 cd，丙为 ba，丁为 dc。因为甲、乙两数各数位上的数字全是偶数，所以 a、b、c、d 均为偶数，即只能从 2、4、6、8 四个数字中选择。因此，甲、乙、丙、丁只能是 24、26、28、42、46、48、62、64、68、82、84、86 中的数。把这些数分解质因数，得到：

$24 = 2 \times 2 \times 2 \times 3$　　$42 = 2 \times 3 \times 7$

$26 = 2 \times 13$　　　　　　　$62 = 2 \times 31$

$28 = 2^2 \times 7$　　　　　　　$82 = 2 \times 41$

$46 = 2 \times 23$　　　　　　　$64 = 2^6$

$48 = 2^4 \times 3$　　　　　　　$84 = 2^2 \times 3 \times 7$

$68 = 2^2 \times 17$　　　　　　$86 = 2 \times 43$

经过筛选，甲、乙、丙、丁四个数的范围是：24、42、48、84。组合后得到：甲 $\times$ 乙 $= 24 \times 84$，丙 $\times$ 丁 $= 42 \times 48$ 或甲 $\times$ 乙 $= 42 \times 48$，丙 $\times$ 丁 $= 24 \times 84$。所以，甲、乙两数之和是 $24 + 84 = 108$ 或 $42 + 48 = 90$，最大是 108。

15. 20。解题思路：每次用 3 升的空桶盛浓度为 60% 的酒精倒入 5 升桶内，再倒入 2 升水，混合后正好是 5 升浓度为 36% 的酒精。这样倒 4 次，正好是 20 升。

16. 2，10。解题思路：表格中自然数的排列规律是：n^2 排在第 1 行，第 n 列；靠近它但比它小 a（$0 < a < n$）的数排在第 n 列，第 $a + 1$ 行；靠近它但比它大 b（$0 < b < n + 1$）的数排在第 $n + 1$ 行，第 b 列。$99 = 100 - 1$，这里 $n = 10$，$a = 1$，所以 99 应排在第 2 行，第 10 列。

17. 54。解题思路：第 1 个坑到第 30 个坑之间的距离是 $(30 - 1) \times 3 =$

87（米）。改为"每隔5米栽一棵树"后，仍然有用的坑的个数是87÷15 = 5……12，5 + 1 = 6（个）。因为一共应挖300÷5 = 60个坑，所以还要挖60 - 6 = 54个坑。

18. 21。解题思路：7根中必有一双，剩下的5根再添上2根就多一双。以此类推，共应添7×2 = 14（根），所以至少应该摸出7 + 2×7 = 21（根）。此外，如果摸出的筷子少于21根，如20根，其中红色5根，其他每种3根，那么只有7双，所以21是最少的。

19. 24。解题思路：两人的年龄差是（60 - 12）÷2 = 24（岁），即妈妈今年36岁，24年前是12岁。

20. 120，150。解题思路：根据题意，可知丁丁原有棋子的$\frac{1}{4}$恰好等于宁宁原有棋子的$\frac{1}{5}$，把宁宁原有的棋子数看作单位"1"，那么丁丁原有的棋子数为$\frac{4}{5}$。270 ÷ $\left(1 + \frac{4}{5}\right)$ = 150（颗），270 - 150 = 120（颗）。所以丁丁原有棋子120颗，宁宁原有棋子150颗。

第三场

1. 84，9801。解题思路：如果用了400块白瓷砖，那么中间部分是一个20×20的正方形，所以黑瓷砖用了（20 + 1）×4 = 84（块）；如果用了400块黑瓷砖，那么中间部分正方形的边长是400÷4 - 1 = 99，所以白瓷砖用了99×99 = 9801（块）。

2. B。解题思路：首先排除A、D，拼在一起的面越多越大，露在外面的表面才会越小。

B的表面积：（3×1.1×2 + 2×1.1×4 + 3×2×2）×2 =（6.6 + 8.8 + 12）×2 = 27.4×2 = 54.8（平方厘米），C的表面积：（3×1.1×4 + 2×1.1×4 + 3×2）×2 =（13.2 + 8.8 + 6）×2 = 28×2 = 56（平方厘米），比较得B的表面积最小。

3. 乙。解题思路：甲店买十送二，那么只需要购买42个，加上送的8个就是50个，需要花费42×25 = 1050（元）；乙店打八折，需要花费

50×25×0.8＝1000（元）；丙店满100元返还现金20元，因为总价是50×25＝1250（元），所以可返还20×12＝240（元），于是需要花费1250－240＝1010（元）。因此，去乙店买费用最少。

4. 60。解题思路：从上、下、左、右、前、后六个方向分别观察并计数，有多少个小正方形，就是多少平方厘米。其中，上下数量相同，都是11个；左右数量相同，都是8个；前后数量相同，都是11个。因此这个立体图形的表面积是（11＋8＋11）×2＝60（平方厘米）。

5. 56。解题思路：从4条长边和5条宽边中各选2条，构成长方形，有6×10＝60种组合方法，从中减去4个正方形，所以一共有56个长方形。

6. ＜。解题思路：因为 $\frac{5}{77778} > \frac{5}{88889}$，所以 $1-\frac{5}{77778} < 1-\frac{5}{88889}$。

7. 156∶30∶9∶25。解题思路：找出各个比之中共有的项是解题的关键。因为羊与牛的数量之比是25∶9，猪与牛的数量之比是10∶3，所以猪、牛、羊的数量之比是30∶9∶25。又因为鸡与猪的数量之比是26∶5，所以鸡、猪、牛和羊的数量之比是156∶30∶9∶25。

8. 108。解题思路：设六年级有学生 x 人，则五年级的学生人数为（200－x）人。根据题意，可得 $x-25\%x=200-x-11$，解得 $x=108$。

9. 15。解题思路：5＋4＋3＋2＋1＝15（注意是打开所有锁）。

10. 33。解题思路：被8除余1的数有9、17、25、33、41、49、57、65、73、81、89……其中被7除余5的有33、89……被6除余3的数有9、33、57……所以这个数最小是33。

11. 9。解题思路：20×6×10÷（8×6×2.5）＝1200÷120＝10（个），理论计算最多可放入10个，但是实际操作发现放不进去，最多可放入9个。（下图）

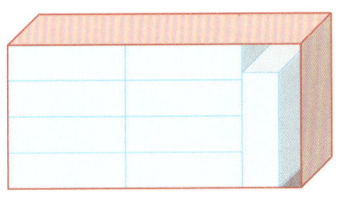

上图的方法是：在长方体容器里靠左横着放两排，纵深放四排，能放8

个；右侧空余部分长 10 厘米、宽 4 厘米、高 6 厘米，还可以放一个长 8 厘米、宽 6 厘米、高 2.5 厘米的长方体，这样一共可以放 9 个。

12. 90。解题思路：根据题意，今年 25 位老人的年龄之和是 $2000-25\times2=1950$（岁）。所以年龄处于正中间的老人今年 $1950\div25=78$（岁），推算可知，其中年龄最大的老人今年 $78+12=90$（岁）。

13. $1163\frac{1}{6}$。解题思路：原式 $=\left(1994\frac{1}{2}-1993\frac{1}{3}\right)+\left(1992\frac{1}{2}-1991\frac{1}{3}\right)+\cdots+\left(4\frac{1}{2}-3\frac{1}{3}\right)+\left(2\frac{1}{2}-1\frac{1}{3}\right)=\left(1+\frac{1}{6}\right)\times1994\div2=1163\frac{1}{6}$。

14. 44。解题思路：$a>8.8\times5=44$，$a<9\times5=45$，所以 $44<a<45$，整数部分是 44。

15. 33，232。解题思路：设学生宿舍有 x 间。由题意可知，$6x+34=8(x-4)$，解得 $x=33$。所以学生宿舍有 33 间，学生有 $6\times33+34=232$（人）。

16. 93。解题思路：把两个积分解质因数，得到：$1274=13\times7\times7\times2$，$819=13\times7\times3\times3$，这样可以推断乙数是 91 或 13。当乙数是 91 时，两人错看的甲数分别是 $1274\div91=14$ 和 $819\div91=9$，由于甲数是两位数，因此这种情况不成立；当乙数是 13 时，两人错看的甲数分别是 $1274\div13=98$ 和 $819\div13=63$。结合题意，小胡看错甲数的个位数字后的结果是 98，所以甲数的十位上是 9；小涂看错甲数的十位数字后的结果是 63，所以甲数的个位上是 3。由此可知，甲数是 93。

17. 106。解题思路：如右图，把这个砖堆分成 9 垛。容易看出，这 9 垛的第 1 层（最上层）的砖都被涂上了石灰，这些砖共有 $4\times3\times3=36$（块）。从第二层开始，仅有 A、B、C、D、E 这 5 垛的砖被涂上石灰，而且每层块数相同，都是 $(1+4)\times2+4=14$（块），所以这个砖堆中被涂上石灰的砖共有 $36+14\times5=106$（块）。

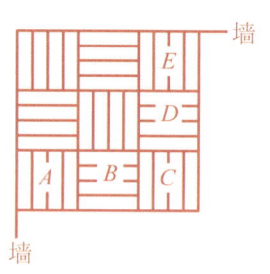

18. 24。解题思路：$\frac{1}{6}\times2=\frac{1}{3}$，$\frac{1}{3}-\frac{1}{4}=\frac{1}{12}$，$2\div\frac{1}{12}=24$（颗）。

19. 解题思路：

解法一（算术方法）

先画示意图如下：

用"1个大圆 + 1个小圆"表示女生人数，那么男生人数为6个大圆。因为男生调走2人后，剩下的学生中$\frac{1}{5}$是女生，所以剩下的男生人数是女生人数的4倍，应是"4个大圆 + 4个小圆"。也就是说，"6个大圆 − 2个小圆"等于"4个大圆 + 4个小圆"，1个大圆代表6÷2 = 3（人），因此这个兴趣小组原有学生3÷$\frac{1}{7}$ + 1 = 22（人）。

解法二（方程法）

解：设数学兴趣小组原有学生x人。根据题意列出方程

$\frac{1}{7}(x-1) + 1 = \frac{1}{5}(x-2)$，解得$x = 22$。

因此这个兴趣小组原有学生22人。

20. 15。解题思路：由于25秒内男女运动员一共跑完1圈，所以13分钟内他们一共跑了1×（13×60÷25）= 31.2（圈）。又由题意可知，13分钟内男运动员比女运动员多跑1圈，这就得到一个"和差问题"。由此容易求出女运动员已经跑了（31.2 − 1）÷2 = 15.1（圈）≈ 15（圈）。

第四场

1. 24，263.52。解题思路：（1）56 − 20×2.1 = 14（元），14÷3.5 + 20 = 24（吨）。（2）1.2×6000×366÷10000 = 263.52（万元）。

2. 621.72。解题思路：由题意可知，小明喝完后，瓶中水面高度为25 − 13 = 12（厘米），因此这瓶水的容积等于底面半径6÷2 = 3厘米、高（12 + 10）= 22厘米的圆柱容积，即π×3^2×22 ≈ 621.72（平方厘米）。

3. 490，8.75。解题思路：196÷（60% + 80% − 1）= 490（千米）；由已知条件可知，客车与货车的速度之比为3∶4，所以可求得货车的速度是490÷5×$\frac{4}{7}$ =

56（千米/时），因此货车行驶完全程需要 490÷56 = 8.75（小时）。

4. 3。解题思路：假设"学"所代表的数字是 a，每个小三角形三个顶点上的数字之和为 k。由题意可列式：$6k = 12×2 + 4a$，即 $3k = 12 + 2a$，其中 k 是自然数，a 为 1~9 中的一个数字。当 a = 1、2、4、5、7、8 时，k 不符合题意；a = 6 或 9 时，7 个数字之和会大于 12；只有当 a = 3 时，k = 6。检验：1+2+3 = 6，1+2+1+2+1+2+3 = 12，符合题意。

5. 800。解题思路：$10^2 ×(6+2) = 800$（平方厘米）。

6. 3.6。解题思路：甲、乙两人的速度之比是 6:4 = 3:2。把全程看作 10 份，甲走了 9 份，则乙要走 6 份，4×9÷10 = 36÷10 = 3.6（小时）。

7. 840。解题思路：最高位为 5 时的个位数字只有一种情况；分和秒的十位数字只可能是 0、1、2、3、4 这几种情况，且不能相同，所以共有 5×4 = 20 种情况；分和秒的个位数字有 7×6 = 42 种情况，因此一共有 20×42 = 840 种情况。

8. 16，8。解题思路：设原来有大堆煤 x 吨，由题意可列方程：$(24-x)+4 = x×\left(1-\dfrac{1}{4}\right)$，解得 x = 16。所以原来大堆煤有 16 吨，小堆煤有 28-16 = 12（吨）。

9. 9。解题思路：由"每船坐 15 人，还剩 9 人"，可知此时多出 9 人；由"每船坐 18 人，刚好剩余 1 条船"，可知此时还差 18 人坐满。9+18 = 27（人），这是由每条船乘坐人数的变化引起的。18-15 = 3（人），27÷3 = 9（条）。(也可列方程解决)

10. 46。解题思路：假设最小的数为 a，则与它一排的后两个数为 $a+1$，$a+2$。根据两行数的排法可知，第二行的每个数均比其正上方的数大 50，所以框中第二行三个数分别为 $a+50$，$a+51$，$a+52$，于是这 6 个数的和为 $a+a+1+a+2+a+50+a+51+a+52 = 432$，解得 a = 46。

11. 5:9。解题思路：设甲级别为 $10x$ 人，则乙级别为 $8x$ 人，丙级别为 $7x$ 人，三个级别共有会员 $10x+8x+7x = 25x$（人），于是俱乐部有男会员 $25x×\dfrac{3}{3+2} = 15x$（人），有女会员 $25x×\dfrac{2}{3+2} = 10x$（人）。根据题意，甲组有

男会员 $10x × \dfrac{3}{3+1} = 7.5x$（人），有女会员 $10x - 7.5x = 2.5x$（人）；乙组有男会员 $8x × \dfrac{5}{5+3} = 5x$（人），有女会员 $8x - 5x = 3x$（人）。因此，丙组有男会员 $15x - 7.5x - 5x = 2.5x$（人），有女会员 $10x - 2.5x - 3x = 4.5x$（人），于是丙组中男女会员人数之比为 $2.5x : 4.5x = 5 : 9$。

12. $4n + 2$，82。解题思路：根据题意，可坐人数关于桌子数成等差数列，首项是 6，公差是 4。所以 n 张桌子可坐 $6 + (n - 1) × 4 = 4n + 2$（人），20 张桌子可坐 $4 × 20 + 2 = 82$（人）。

13. 12。解题思路：分 4 类计数：（1）上底长、下底短 1 个；（2）下底长、上底短 5 个；（3）底平行于左腰 3 个；（4）底平行于右腰 3 个。$1 + 5 + 3 + 3 = 12$（个）。

14. 285。解题思路：由 $1994 = 7 × 284 + 6$ 与 $a_n = (n - 1) × d + a_1$，对比可得 $n - 1 = 284$，$n = 285$。

15. 8。解题思路：原式可化为 $(11 × \square - 7 × \square) ÷ 16 = 2$，$4 × \square ÷ 16 = 2$，$\square = 8$。

16. $9\dfrac{3}{8}$。解题思路：运用面积关系，原等腰直角三角形 ABC 可分割成 8 个相等的小等腰直角三角形，梯形包含其中 3 个。所以梯形的面积为 $\dfrac{1}{2} × 10 × \dfrac{10}{2} × \dfrac{3}{8} = 9\dfrac{3}{8}$（平方厘米）。

17. 40 厘米，51 平方厘米。解题思路："十"字图形的周长为 2 张纸片周长的和减去重叠部分正方形的周长，即 $(2 × 10 + 2 × 3) × 2 - 4 × 3 = 40$（厘米）；"十"字图形的面积为 2 张纸片面积的和减去重叠部分正方形的面积，即 $10 × 3 × 2 - 3 × 3 = 51$（平方厘米）。

18. 126 或 294。解题思路：设 $x = 14a$，$y = 14b$，$x < y$，且 a、b 互质。由 $14ab = 280$，可知 $ab = 20$。因为 a、b 互质，所以 $a = 1$，$b = 20$ 或 $a = 4$，$b = 5$。因此 $x + y = 14(a + b) = 126$ 或 294。

19. 360 米。解题思路：狗跳 2 次前进 $1.8 × 2 = 3.6$（米），狐狸跳 3 次前进 $1.1 × 3 = 3.3$（米），一轮下来狗追上狐狸 $3.6 - 3.3 = 0.3$（米），也就是狗每

跳 3.6 米追上狐狸 0.3 米。30÷0.3 = 100，即狗跳 100×2 = 200 次后能追上狐狸，此时狗跳了 1.8×200 = 360（米）。

20. 6。解题思路：因为每人至少报数 1，至多报数 8，所以不论一人报什么数，另一人总是可以做到使两人所报数之和为 9。123÷9 = 13……6，于是先报数的人第一次报数 6，以后每一轮根据对方报的数凑 9，使得一轮中两人报数之和为 9，就能在 13 轮后达到 123。